Dietrich Esterl
Was bedeutet Anthroposophie für die Waldorfschule?

W0187739

Elternfragen an die Schule

Herausgegeben von Hans-Joachim Mattke
und Bruno Sandkühler

Elternfragen an die Schule: Die Zusammenarbeit zwischen Elternhaus und Schule wird in Zukunft immer wichtiger. Ständiger Kontakt, reibungslose Verständigung und viel gegenseitiges Vertrauen sind erforderlich. Eltern wie Schule tragen große Verantwortung für die Erziehung in einer immer komplexer werdenden Welt. Eltern müssen Schule befragen und hinterfragen können. Das gilt insbesondere für Schulen, die bewusst ausgewählt werden; Waldorfschulen werden daher in der Reihe «Elternfragen an die Schule» besonders angesprochen. Viele Themen führen aber auch über diesen Schulzusammenhang hinaus. Die Reihe dient als Einführung, Ratgeber und Begleiter für Eltern beim Gang ihrer Kinder durch die Schule.

Zum Buch: Dietrich Esterl skizziert für Eltern und Interessenten die Wurzeln und Grundlagen der Waldorfpädagogik und erläutert ihren Zusammenhang mit der Anthroposophie, wie er sich aus der Praxis des Schullebens ergibt. Was Anthroposophie eigentlich will und wie sie mit der Waldorfpädagogik zusammenhängt, wird in dieser knappen, einführenden Darstellung verständlich. Vor allem erhält der Leser konkrete Antworten auf Fragen wie: Ist die Waldorfschule eine Weltanschauungsschule? Wird in ihr Anthroposophie unterrichtet? Welche Rolle spielt die Anthroposophie für die Waldorfpädagogik?

Über den Autor:
Dietrich Esterl, geb. 1934, verheiratet, vier Kinder. Studium der Altphilologie, Germanistik, Geschichte, Politikwissenschaft und Philosophie in Tübingen. Von 1963 bis 1999 Lehrer für Deutsch, Geschichte, Latein und Kunstgeschichte an der Freien Waldorfschule Stuttgart Uhlandshöhe. Tätigkeit in der Lehrerbildung, beim Bund der Freien Waldorfschulen und in der internationalen Waldorfschulbewegung.

Dietrich Esterl

Was bedeutet Anthroposophie für die Waldorfschule?

Verlag Freies Geistesleben

ISBN 3-7725-1509-6

1. Auflage 2000

Verlag Freies Geistesleben
Landhausstraße 82, 70190 Stuttgart
Internet: www.geistesleben.com

© 2000 Verlag Freies Geistesleben
& Urachhaus GmbH, Stuttgart
Umschlaggestaltung: Walter Schneider
Druck: WB Druck, Rieden am Forggensee

Inhalt

1. Urteile über die Waldorfschule

Als die Waldorfschule Stuttgart 1994 ihr 75-jähriges Jubiläum feierte, zogen Oberstufenschüler durch die Stadt, um für die Schülerzeitung Mitbürger zu befragen, was sie von ihrer Schule wüssten und wie sie sie beurteilten. Das Spektrum der Aussagen verwunderte, amüsierte, schockierte die Waldorfschüler. Obwohl es in Stuttgart drei große Waldorfschulen gibt, im Umkreis von 50 Kilometern zehn weitere, wusste die Mehrzahl der Befragten kaum etwas Konkretes. Die Urteile waren vielfältig und widersprüchlich. Häufig genannte Schlagworte waren: Waldorfschule ist eine Privatschule, eine Schule für reiche Leute, eine Schule für schwache Schüler, für begabte Schüler, gut für Mädchen, gut für praktische Ausbildung, keine praktische Ausbildung, nicht dem Lebenskampf entsprechend, zu wenig **Das Bild der Waldorfschule in der Öffentlichkeit** leistungsorientiert, besonders vielseitige Ausbildung, nur für künstlerische Ausbildung und dergleichen mehr. Viele der Urteile stützten sich darauf, dass die Befragten einen Waldorfschüler kannten. Am meisten aber wurde genannt: eine Schule für Anthroposophen-Kinder. Die befragenden Schüler forschten hier nicht weiter, doch könnte sich die Frage anschließen, was man sich unter Anthroposophie vorstelle.

In den achtzig Jahren seit Gründung der ersten Waldorfschule in Stuttgart hat sich an dem zwiespältigen Echo wenig geändert, obwohl die Waldorfpädagogik weltweit wirksam geworden ist. In Deutschland arbeiteten 1999 168 Schulen (mit ca. 68 000 Schülern), 400 im übrigen Europa, ca. 200 in Nord- und Südamerika, in Asien, Australien und Afrika. In mindestens gleichem Umfang haben sich die Waldorf-Kindergärten und die heilpädagogischen Schulen und Heime auf der ganzen Welt ausgebreitet.

Auf der einen Seite gelten diese Einrichtungen als pädagogische Modelle einer modernen Erziehung, auf der anderen Seite werden sie als Institutionen einer obskuren Weltanschauung, der Anthroposophie, kritisiert, ja sogar bekämpft.

Waldorfschulen werden von Vertretern der Erziehungswissenschaft, der Politik und der Wirtschaft als Vorbild gewürdigt,[1] und viele ihrer Methoden und Praktiken sind, vor allem nach dem Zweiten Weltkrieg, in die Reformen des staatlichen Schulwesens eingeflossen, z.B. die Koedukation, der Epochenunterricht, künstlerische und praktische Fächer, Leistungscharakterisierung statt Notenzeugnissen, Förderunterricht, Fremdsprachen vom ersten Schuljahr an, Formen der Selbstverwaltung, Elternmitwirkung und manches mehr.[2]

Waldorfpädagogik zwischen Anerkennung und Kritik

Angriffe gegen die Waldorfschulen sind fast durchweg weltanschaulich begründet. Die konkreten pädagogischen Leistungen werden zwar durchaus anerkannt, auch wenn viele Kritiker eine Waldorfschule nie von innen gesehen haben; die Grundlagen der Pädagogik in der Anthroposophie aber werden als nicht christlich, unwissenschaftlich, sektiererisch, okkultistisch, ja sogar als faschistisch diffamiert.[3]

Es geht also um die Wurzeln und Grundlagen der Waldorfpädagogik. Obwohl alle waldorfpädagogischen Einrichtungen durch Initiativen von Eltern entstehen und erhalten werden, bleibt der Zusammenhang zwischen konkreter Pädagogik, die von den Eltern gesucht und geschätzt wird, mit ihrer Grundlage in der Anthroposophie für viele unbestimmt und unklar. Die überwiegende Mehrheit sucht in den Waldorfeinrichtungen schlicht die beste Erziehung für ihre Kinder. Nur ein kleiner Prozentsatz der Eltern sind oder werden Anthroposophen.[4] Dasselbe gilt für ehemalige Waldorfschüler, ja sogar für manchen Lehrer an einer Waldorfschule.[5]

Der Zusammenhang mit der Anthroposophie

Es gibt inzwischen zahlreiche Publikationen zur Waldorfpädagogik. Ihre methodischen und didaktischen Prinzipien sind vielfältig dargestellt.[6] Die Grundlagen in den pädagogischen Anregungen Steiners sind alle veröffentlicht, die Sekundärliteratur zur Anthroposophie als Grundlage der Waldorfpädagogik ist reicher als bei den meisten pädagogischen Richtungen sonst.

Dennoch bleibt der Informationsbedarf offensichtlich bestehen. Immer wieder wird an die Waldorfschule, aber auch in den Waldorfschulen von Eltern und Schülern die Frage gestellt, inwiefern sie «anthroposophisch» sei. Die übliche Antwort, Anthroposophie sei zwar die Grundlage der Waldorfpädagogik, sie bestimme ihre Methodik, sei aber nicht Inhalt des Unterrichts, ist zwar richtig, kann aber nur dann befriedigen, wenn man eine Vorstellung von dem besitzt, was Anthroposophie eigentlich ist, also ihre Grundsätze, Methoden, Ziele kennt.

Ist die Waldorfschule «anthroposophisch»?

Deshalb sollen die Grundanschauungen der Anthroposophie im Folgenden für Eltern und Interessenten skizziert werden, soweit sie für die Erziehung an den Waldorfschulen relevant geworden sind. Eine ausführliche Darstellung der Anthroposophie insgesamt kann in diesem Zusammenhang nicht erwartet werden.

Andererseits geht es nicht um eine Einführung in die Waldorfpädagogik oder um eine inhaltliche Darstellung der Waldorfschule. Diese wird durch die anderen Bände dieser Reihe «Elternfragen an die Schule» gegeben. Im Schlussteil soll an einigen typischen Merkmalen aus der Praxis der Waldorfschule gezeigt werden, welche Bedeutung Anthroposophie für die konkrete Arbeit hat.

Anthroposophie ist auf vielen Gebieten wirksam geworden. Sie hat neue Ideen und Initiativen angeregt, die in den Krisen unserer Zeit helfen wollen, heilsame Entwicklungen der Kultur anzuregen. So entstanden auf der Grundlage anthroposophischer Fragestellungen Schulen, Kindergärten, Altenheime, Krankenhäuser, Behindertenheime, landwirtschaftliche Betriebe, Wirtschaftsunternehmen, Banken, Univer-

Kulturelle Anregungen der Anthroposophie

sitäten, Kunstakademien und anderes als Kultureinrichtungen, die von immer mehr Menschen gesucht und anerkannt werden. Eine der wirksamsten Gründungen sind die Waldorfschulen.

Ideen werden von Menschen in bestimmten Situationen verwirklicht. Zunächst sollen deshalb das Umfeld und die Impulse geschildert werden, die zur ersten Waldorfschule führten.

2. Ursprung und Gründung der Freien Waldorfschule

Emil Molt – ein Unternehmer macht Schule

Wie Waldorfschule und Anthroposophie zusammenhängen, kann an der Vorgeschichte und der Gründung der ersten Waldorfschule in typischer Weise deutlich werden.

Die Schule entstand zunächst aus der Initiative eines einzelnen Menschen, des Kommerzienrates Emil Molt, Besitzer der Waldorf-Astoria Zigarettenfabrik in Stuttgart. Molt, der sich aus eigener Kraft vom Lehrling zum Direktor eines eigenen Unternehmens emporgearbeitet hatte, war ein typisch schwäbischer Unternehmer, realistisch, energisch, unglaublich fleißig, bei allem Erfolgsstreben aber stets von der Verantwortung für die Menschen und für die Sache

> Die Schulentstehung: Initiative eines Unternehmers

erfüllt, mit denen er es zu tun hatte. In seinem *Entwurf meiner Lebensbeschreibung* erzählt er aus dem Jahr 1908: «Merkwürdig: In Amsterdam während der Geschäftszeit ins Reichsmuseum zu gehen und damit etwas für seine allgemeine Bildung zu tun, hätte man unkaufmännisch gefunden.»[7] Doch Molt suchte nach einer inneren Lebensorientierung. 1902 kam er durch einen Vortrag des Theosophen Edwin Böhme über Gedankenkonzentration zu eigenen praktischen Erfahrungen gedanklicher Selbstschulung. «Würde ich in der Anzeige als Veranstalterin ‹Theosophische Gesellschaft› gelesen haben, so wäre ich sicher nicht hingegangen: denn ich war solchen Dingen abgeneigt.» Über einen Geschäftsfreund wurde er auf Rudolf Steiner verwiesen. Er hörte dessen Vorträge, fand hier Antworten auf seine Lebensfragen und arbeitete sich intensiv in die Anthroposophie ein. An ihren Ideen orientierte er mehr und mehr sein praktisches Handeln. Am Ende des Ersten Weltkriegs lebte in ihm der Wille, «nicht abseits zu stehen, sondern mit seinen, wenn auch schwachen Kräften an der Gestaltung der Verhältnisse aktiv mitzuwirken».

Am 9. November 1918, dem Tag der «Revolution» in Deutschland, hielt sich Molt geschäftlich in Zürich auf. Auf der Rückreise hörte er in Dornach einen Vortrag Steiners: «Entwicklungsgeschichtliche Unterlagen zur Bildung eines sozialen Urteils».[8] Dabei prägte sich ihm ein Satz ein, den er als Antwort auf die ihn an diesem Abend bewegende Frage empfand: «Und wenn mich jetzt jemand fragen würde, was er tun solle, so könnte ich ihm nur raten, aufgeschlossen zu sein und hinzulauschen, was die Verhältnisse von ihm fordern».

«Aufgeschlossen sein für das, was die Verhältnisse fordern»

Nach Stuttgart zurückgekehrt, fühlte sich Molt gefordert, im Chaos der damaligen Tage politisch aktiv zu werden. Er bot dem Wirtschaftsminister seine Mitarbeit an, bemühte sich um die Gründung einer Industrie-Treuhand-Bank, kaufte im Auftrag der Regierung Lebensmittel in der Schweiz zur Versorgung der Bevölkerung, sprach in vielen Kommissionen und Versammlungen mit, versuchte zum Beispiel, die Einrichtung von Betriebsräten im Einvernehmen von Unternehmern und Arbeitern anzuregen. Seine Erfahrung: In dem Spannungsfeld zwischen alter Ordnung und bolschewistischer Revolution fanden neue Ideen keinen Boden. Die Ideen Steiners zur «Dreigliederung des sozialen Organismus» (s. S. 49 f. und 54 f.), die ihm und seinen anthroposophischen Freunden als Weg zu heilsameren Verhältnissen am Herzen lagen, stießen nur auf Misstrauen und Ablehnung.

Molt setzte nicht nur seine Arbeit, sondern auch sein Vermögen ein. Er spendete eine beträchtliche Summe, um mittellosen Soldaten die Heimkehr zu ermöglichen. Das erschien ihm als eine Verpflichtung. In seiner Firma, der Waldorf-Astoria-Zigarettenfabrik, veranlasste er für die damalige Zeit ganz erstaunliche Maßnahmen. Er stellte zunächst alle von der Front zurückkehrenden Arbeiter wieder ein, entließ aber

Molts Aktivitäten innerhalb seines Unternehmens

auch deren Vertreter nicht, obwohl der Zigarettenabsatz stark zu-
rückging. Er richtete einen Betriebsrat ein, zu dem die Arbeiter auch
ihn selbst wählten. Während in den anderen großen Betrieben Stutt-
garts heftige Auseinandersetzungen zwischen Unternehmern und
Arbeitern stattfanden, war sein Betrieb eine Insel des Friedens. Molt
schildert seine Einstellung so: «Ich fasste die Aufgaben des Bürger-
tums und besonders der Unternehmer so auf, dass sie als die vom
Schicksal Bevorzugten von ihren Erfahrungen und Kenntnissen an
das Proletariat möglichst viel weitergeben und gewissermaßen ein
Verhältnis wie vom Lehrmeister zum Lernenden herstellen sollten,
um auf diese Weise sich und den anderen zu dienen. Welch reicher
Gewinn, wenn durch solche Bemühung aus Arbeitern wirkliche Mit-
Arbeiter werden, die nicht nur des Lohnes wegen, sondern aus innerer Anteilnahme im Betrieb stehen.»

Molt wurde zum Lehrer seiner Arbeiter. Im Betriebsrat legte er
alle Probleme des Betriebs offen dar, erläuterte sie in Betriebsver-
sammlungen. Er veranlasste, dass alle Ar-
beiter die Tätigkeit der anderen kennen
lernten, um die eigene Leistung im Ganzen
bewusstzumachen. Da gar nicht genug Arbeit für die volle Zeit vorhanden war, be-
gann er ein Arbeiter-Bildungsprogramm. «Es gab jeden Nachmittag
Unterricht in fremden Sprachen, in Malen, in Geschichte und Geografie und anderen Fächern. Für die Mädchen wurden außerdem
Kurse für Nähen und Flicken eingerichtet. Dazu kam die Einführung in Lebens- und Erkenntnisfragen. Etwas Besonderes waren die
Vorträge in den Arbeitssälen, die – einmal in der Woche – Betriebs-
und Zeitfragen behandelten.» Als Organisator dieses Kulturbetriebs
hatte Molt Herbert Hahn gefunden.

**Das Arbeiter-
Bildungsprogramm**

Als diese Stunden nicht mehr in der (bezahlten) Arbeitszeit stattfanden, sondern Beiträge der Arbeiter notwendig wurden, weil der
Betrieb es anders nicht erlaubte, flaute das anfangs starke Interesse
der Belegschaft ab. Die Erwachsenen hatten das Lernen nicht gelernt.

Molt gab nicht auf: «Ich lernte daraus, dass man mit Kindern
anfangen muss, wenn man mit Erfolg Kräfte schulen und Interesse

wecken will. Um der Jugend zu ermöglichen, was im Alter einfach nicht mehr möglich ist, wollte ich nun für alle Kinder den Weg zur Bildung öffnen, unabhängig vom Einkommen der Eltern. Durch Erfahrungen, die sie selbst beim Unterricht gemacht hatten, waren meine Arbeiter von dem Gedanken einer eigenen Schule sofort begeistert. Ihre Freude darüber war groß und allgemein.»[9]

Molts Anliegen: allen Kindern den Weg zur Bildung öffnen

Es gab also zweihundert Kinder und eine Idee, sonst nichts. In kürzester Zeit, zwischen dem 29. April und dem 21. August 1919, dem Eröffnungstag der Waldorfschule, schuf Molt die Voraussetzungen für die Schule: Grunderwerb, Umbau, Einrichtung, Lehrersuche, behördliche Genehmigung usw. Die Eröffnung der Waldorfschule an der Uhlandshöhe, die er durch den Einsatz seines privaten Vermögens und seiner organisatorischen Fähigkeit zustande brachte, hat er selbst als den Höhepunkt seines Lebens bezeichnet.

So steht am Anfang der Waldorfschule eine Unternehmerpersönlichkeit, energisch, realistisch und verantwortungsvoll, ganz in der Anthroposophie verwurzelt. Molt tat, «was die Verhältnisse von ihm forderten» – ein Wirtschaftler, der Schule machte, weil er davon überzeugt war, dass eine heilsame Entwicklung der Gesellschaft die Bildung freier, gleichberechtigter und verantwortlich handelnder Menschen voraussetzt.

Molt kannte aber auch seine Grenzen und maßte sich nicht an, selbst pädagogische Richtlinien oder Inhalte zu setzen. Dafür bat er Rudolf Steiner, die pädagogische Ausgestaltung der Waldorfschule einzuleiten. Die Verwirklichung der Waldorfpädagogik war die Antwort Steiners auf die Initiativen Molts. Steiner selbst hatte nicht die Absicht, eine Schule zu gründen. In den folgenden Jahren aber widmete

Die pädagogische Ausgestaltung durch Rudolf Steiner

er einen großen Teil seiner Tätigkeit dieser Gründung. Er folgte hier seinerseits dem Prinzip, offen zu sein und zu tun, was die Verhältnisse fordern. Freilich waren die pädagogischen Impulse bei Steiner lange vorbereitet.

Rudolf Steiner als praktischer Pädagoge

Acht Jahre lang hatte Steiner als Schüler und als Student Privatunterricht erteilt, oft selber lehrend lernend. Sechs Jahre lang war er Erzieher im Hause eines Wiener Kaufmanns. Dort hatte er vor allem die Aufgabe, den lernbehinderten jüngsten Sohn zu unterrichten. Lehrökonomie, therapeutisches Unterrichten, den Zusammenhang von leiblicher und geistiger Entwicklung erarbeitete er sich in diesen Jahren ganz in der Praxis und brachte das Sorgenkind der Familie Specht zu «normaler» Schulfähigkeit auf dem Gymnasium.

Pädagogische Erfahrungen Steiners vor der Schulgründung

Wiederum sechs Jahre lang war er von 1898 an als Lehrer in Berlin an der sozialdemokratischen Arbeiterbildungsschule für Geschichte tätig. Er gab Kurse für Rhetorik und schriftlichen Aufsatz. Es gelang ihm, die schon erwachsenen Teilnehmer für die Inhalte zu begeistern, vor allem durch die Gespräche, die stets die Vorträge begleiteten. Schließlich war er für zwei Jahre auch Lehrer an der Fortbildungsschule für Mädchen in Berlin. Zu dieser Lehrtätigkeit zwang zunächst die Notwendigkeit, für den Lebensunterhalt aufkommen zu können. Steiner widmete sich ihr dann sehr engagiert und erfuhr dabei, wie viele Interessen und Fähigkeiten der jungen Menschen durch die Unterrichtsformen, wie sie in den Schulen damals üblich waren, unausgeschöpft blieben.

Diese Erfahrungen flossen dann in die konkrete Ausarbeitung der Waldorfpädagogik ein. Ihr Kern aber war die Anthroposophie. Sie war für die Ausbildung der ersten Waldorflehrer selbstverständliche Grundlage ihrer Tätigkeit, aus ihr erwuchsen bis ins Einzelne hinein die Methoden und Einrichtungen der Waldorfschule.[10]

Nach über achtzig Jahren der Entwicklung und Ausdehnung hat sich das natürlich verändert. Viele Lehrer und Lehrerinnen kommen nicht aus der Anthroposophie zur Waldorfschule, sondern oft durch die Arbeit an der Schule zur Anthroposophie. Viele der Anfangsimpulse sind weiterentwickelt worden. Einzelne Waldorfschulen haben eigene Profile entwickelt, Schwerpunkte gesetzt, z.B. in Richtung einer integrierten Berufsausbildung. Kompromisse mussten eingegangen werden, um staatlichen Vorschriften zu entsprechen. Die Wurzel der «besonderen pädagogischen Prägung», die eine Waldorfschule ausmacht, liegt aber stets in der «Erziehungskunst» Rudolf Steiners. Dabei handelt es sich nicht um ein inhaltliches Programm, sondern vielmehr um einen methodischen Weg, Schule und Erziehung aktuell zu gestalten. Die Prinzipien, die dieser Gestaltung zugrunde liegen, sollen im Folgenden dargestellt werden.

Ein methodischer Weg, Schule und Erziehung aktuell zu gestalten

3. Was ist Anthroposophie?
Grundaspekte

Steiner hat schon als junger Mensch erlebt, dass der Mensch in einer Welt lebt, von der nur ein Teil durch die äußeren Sinnesorgane und das Tagesbewusstsein wahrgenommen wird. Seine ganze Biografie ist geprägt von einem dreifachen Bemühen:

1. für die Formen der Erfahrung der nicht-sinnlichen Welt eine bewusst erfahrbare Methode zu entwickeln, die jene Welt aus dem Bereich des reinen Glaubens in den der Wissenschaft überführt
2. die Bedingungen und Wege der Schulung für diese «Geisteswissenschaft» zu entwickeln und darzustellen
3. die Ergebnisse der geisteswissenschaftlichen Forschung in die praktische Gestaltung des individuellen und des gesellschaftlichen Lebens umzusetzen.

Alle drei Zielsetzungen münden in der Anthroposophie, von der Steiner als «Definition» einmal sagte, sie wolle «das Geistige im Menschen zum Geistigen im Weltenall führen».[11] Anthroposophie ist nach Steiner eine Erfahrungswissenschaft, wie es auch die moderne Naturwissenschaft ist. Er erkannte die Methoden und Ergebnisse der neuzeitlichen Naturwissenschaft voll an und stellte niemals einen Gegensatz zur Anthroposophie her. Aber er wies auch darauf hin, dass die Naturwissenschaft in den letzten Jahrhunderten mehr und mehr zu einem eingeengten Weltbild geführt hat, weil sie alle Weltinhalte auf materielle, mechanistische Ursachen reduzierte. Der Materialismus ist richtig und berechtigt, wenn es gilt, die Gesetze der Materie zu erkennen. Seine Methoden reichen aber nicht aus, um die Komplexität des Daseins zu erfassen. Und so sind entweder seine Ergebnisse unzu-

Drei Zielsetzungen der Anthroposophie

reichend, oder er klammert weite Bereiche der Wirklichkeit aus, als seien sie nicht existent. Das aber hat Konsequenzen für das Leben auf der Erde, für den Umgang mit der Natur, mit den Menschen. Scharf formuliert könnte man sagen: Eine Wissenschaft, die die Welt als wertneutralen Mechanismus betrachtet, wird die Welt und den Menschen in ihr auch zu einem wertfreien Mechanismus gestalten. Das zwanzigste Jahrhundert hat diese Konsequenz demonstriert im rücksichts- und verantwortungslosen Umgang mit der Natur, in den menschenverachtenden politischen und wirtschaftlichen Systemen.

Steiner hatte solche Gefahren früh erkannt. Aus der Anthroposophie entwickelte er daher vielfältige Anregungen für eine zeit- und sachgemäße Erneuerung in vielen praktischen Lebensbereichen, der Landwirtschaft und der Ökologie, der Medizin, der Psychologie, der Pädagogik. Nimmt man die Wirkungen auf anderen Gebieten hinzu, z.B. auf allen künstlerischen Gebieten (Architektur, bildende Kunst, Theater, Sprachgestaltung, Bewegungskunst), in den Naturwissenschaften (Physik, Astronomie, Mathematik, Biologie, Physiologie), in den Geisteswissenschaften, mit denen sich Steiner in seinen Kursen, Vorträgen und Werken befasst hat, dann kann man ihn wohl als einen der großen «Anreger» im zwanzigsten Jahrhundert bezeichnen.

Ein großer «Anreger» des 20. Jahrhunderts

«Nicht ‹Weisheit vom Menschen› ist die richtige Interpretation des Wortes Anthroposophie, sondern: ‹Bewusstsein seines Menschentums›.»[12] Diese Formulierung Steiners zeigt, dass es ihm mit der Anthroposophie um eine Erkenntnisbemühung geht, die für den einzelnen Menschen die Grundlagen seines Mensch-Seins erhellen und das praktische Handeln in der Gegenwart befruchten soll. Selbstständigkeit und Freiheit des Einzelnen sollen voll gewahrt sein.

Anthroposophie als Erkenntnisbemühung

Steiner forderte stets, die Inhalte der Anthroposophie als Ergebnisse seiner geisteswissenschaftlichen Erkenntnismethoden kritisch zu prüfen, sie nicht dogmatisch aufzufassen. In diesem Sinne sind alle inhaltlichen Aussagen der Anthroposophie zu verstehen. Wie bei jeder Wissenschaft ist dabei auch in der Anthroposophie der methodische Weg, auf dem die Erkenntnisse erreicht werden, zu berücksichtigen.

Für Steiner ist die Welt eine Einheit. Der Mensch trennt sie durch sein Bewusstsein in eine Außen- und eine Innenwelt. Mit seinem leiblichen Organismus ist er eingebunden in die Kräfte der Natur, mit seiner geistigen Existenz ist er eingebunden in die Welt, die der äußeren Erscheinungswelt als geistige Ursache zugrunde liegt. Im Denken erkennt **Die Bedeutung des Denkens für den Menschen** Steiner die Tätigkeit, durch die der Mensch die beiden Seiten der Wirklichkeit zu verbinden vermag.[13] Damit ist der Mensch gestaltend und sich entwickelnd in die Weltprozesse hineingestellt. Es gilt also auf der einen Seite das Wesen der Weltprozesse, auf der anderen Seite das Wesen des Menschen zu erfassen.

In der Naturwelt unterscheidet Steiner Bereiche verschiedener Qualität. Die Welt des Stofflich-Mineralischen folgt anderen Gesetzen als die des Organisch-Lebendigen. Hier greift eine eigenständige «Wirklichkeit» in das Stoffliche ein, prägt es, gestaltet es in der Zeit. Wie ein geschultes mathematisch-physikalisches Denken die Gesetze der materiellen Welt erfassen und erkennen kann, so kann das Denken diese **Die Welt des Organischen erfassen** lebenstragende und -gestaltende Wirklichkeit in einer dieser Welt entsprechenden Methodik erfassen. In der Schulung dieses Denkens schließt Steiner an Goethe an. Um in die Gesetze des Lebendigen einzudringen, muss das Denken die Qualität des Tätig-Schöpferischen erüben, muss die Gestaltungs- und Verwandlungsprozesse, die im Organischen wirksam sind, in sich selbst schaffen. Das Denken erhält damit auch eine künstlerische Qualität. Steiner nennt diese Form des Erkennens «imaginativ». Die Kraft oder die Wirklichkeit, die in den Lebensprozessen organisierend, gestaltend, erhaltend zum Ausdruck kommt, nennt er das «Ätherische».[14]

Eine Pflanze zeigt sich in der Außenwelt stets nur als ausschnitthafte Erscheinung in einem bestimmten Zustand ihres Wachstums, ihres «Lebens». Sie ist Same, Schössling, blühend, Frucht tragend, welkend. Sie entwickelt die in ihrer Art liegenden Formen dabei abhängig von den besonderen Bedingungen ihrer Umgebung, von Licht, Wärme, Wind, Wasser, Bodenbeschaffenheit usw. Das Ganze der Pflanze, ihr Wesen liegt in dem Gestaltungsprozess, den sie durchläuft. Dieser Prozess ist als «ideelle Anschauung», wie Goethe es nannte, durch ein aktives, an den Gestaltungsgesetzen der Pflanze sich orientierendes Denken zu erfassen. Das Denken muss selbst lebendig werden, um die Wirklichkeit des Lebendigen zu erfassen.

In der Anthroposophie geht es also darum, die Erkenntnisfähigkeit des menschlichen Bewusstseins durch eine an den Prozessen der Erscheinungswelt kontrollierte Schulung zu erweitern.[15]

Die Welt des Seelischen bedeutet wiederum einen qualitativ anderen Bereich der Wirklichkeit. Sie zeigt sich in der Welt als Ausdruck einer Innerlichkeit, die sich durch die lebendige leibliche Gestalt offenbart. Das Seelische selbst ist mit den Sinnesorganen und einem auf das Sinnliche gerichteten Denken nicht

Die Welt des Seelischen erkennen

unmittelbar wahrnehmbar. Das eigene Seelische nehmen wir mit großer Intensität wahr, weil wir vorstellend, fühlend und wollend in ihm leben. Um das Seelische außerhalb unseres eigenen Wesens erkennend zu erfahren, muss die Fähigkeit erübt werden, eine andere Innenwelt im eigenen Innern sich aussprechen zu lassen. Das heißt, bei größter Aufmerksamkeit und Wachheit das eigene Innere zum Schweigen zu bringen, sodass ein anderes Seelisches sich im eigenen Erleben zeigen kann. Steiner nennt diese Form des Erkennens «inspirativ» (den Wirklichkeitsbereich des Seelischen das «Astralische»).[16]

In der Innenwelt des Seelischen lebt das Geistige. Insofern der Mensch ein individuelles Wesen ist, ein «Ich», das sich durch das Seelische in einem lebendigen Leib tätig offenbart, zeigt er sich als geistiges Wesen. Durch dieses Ich kann der Mensch bewusst das eigene geistige Wesen erfahren und anderen geistigen Wesen be-

wusst begegnen. Für die Anthroposophie ist dieser geistige Bereich
die eigentliche «Ur»-Sache der Wirklichkeit. Um hier zur wirklichen
Erkenntnis zu gelangen, muss die Fähigkeit
geschult werden, sich mit dem ganzen ei-   **Das Geistige bewusst erfahren**
genen Wesen mit einem geistigen Inhalt
verbinden zu können. Steiner nennt diese Form der Erkenntnis
«intuitiv».

In der Welt, die uns umgibt, durchdringen sich also verschiedene
Ebenen der Wirklichkeit. Sie erscheinen zunächst in der Welt des
Stofflich-Mineralischen, der «toten» Welt der Materie, dann in der
Ebene des Lebendig-Organischen, das die Stofflichkeit ergreift,
formt und verwandelt, wie wir es in der
Welt der Pflanzen wahrnehmen. Mit den   **Vier Ebenen der Wirklichkeit**
Tieren tritt eine Innenwelt in Erscheinung,
die im Menschen zum Wirkungsfeld des Geistes wird. Der Mensch
hat also Anteil an allen Naturreichen, ist auf der Erde aber darüber
hinaus ein individuelles geistiges Wesen.

Studium und Erkenntnis der Welt bedeuten in der Anthroposophie
also Studium und Erkenntnis des Menschen – und umgekehrt –, weil
der Mensch Glied eines «Kosmos», einer Weltordnung ist.

4. Die anthroposophische Menschenkunde

Als die ersten Mitglieder des Schulkollegiums gefunden waren, hielt Steiner einen Einführungskurs, dessen Zentrum die Vorträge *Allgemeine Menschenkunde als Grundlage der Pädagogik* waren.[17] Schon 1907 hatte er eine Schrift veröffentlicht, in der er darlegt, wie die Erziehungsfrage zeitgemäß gestaltet werden könnte. Er sieht die Aufgabe, auf der Grundlage der Anthroposophie «eine das Wesen des Menschenlebens umfassende praktische Weltauffassung» zu entwickeln, um «an den wichtigsten Aufgaben der gegenwärtigen Menschheit, an der Entwicklung zu deren Wohlfahrt» mitzuarbeiten.[18] Im Hinblick auf die Erziehung bedeute dies, sich zwei Voraussetzungen zu schaffen:

Zwei Voraussetzungen der Erziehung

1. Der Erziehende muss wissen, was das Wesen des ihm anvertrauten Menschen ist.
2. Er muss die Gesetze der Entwicklung des Menschen kennen lernen.

Waldorfpädagogik versucht, diese beiden Voraussetzungen zu erarbeiten und in die Praxis der Schule umzusetzen. Anthroposophie bietet dazu die methodischen und inhaltlichen Ansätze. Erziehung heißt also, das im Menschen zu fördern, was vom Menschen und seiner Entwicklung selbst gefordert wird. Damit treten andere Ziele der Erziehung zurück, die das Erziehungswesen unserer Zeit prägen und die bestimmte Zwecke politischer, gesellschaftlicher, ideologischer oder wirtschaftlicher Art verfolgen.

Fördern, was die menschliche Entwicklung fordert

Die Lehrerbildung bekommt damit eine wichtige Aufgabe. Neben den zu vermittelnden Inhalten muss der Erziehende seine Wahrnehmungsfähigkeit für die verschiedenen Erscheinungsformen des Menschen schulen. Das heißt auch, auf das eingehen zu können, was sich bei den Kindern als individuelle Erscheinung in der allgemeinen Situation ihrer Entwicklung zeigt.

Wer dem rätselhaft komplizierten Wesen des Menschen erkennend näher kommen will, muss ein neues Verhältnis zu seinen eigenen Fähigkeiten suchen. Jeder Mensch kann an sich selbst bemerken, dass seine Wahrnehmungs- und Erkenntnisfähigkeiten begrenzt sind. Dies kann in zwei grundsätzliche Richtungen der «Wissenschaftlichkeit» führen. Man kann diese Begrenztheit als naturgegeben ansehen und die Welt nach den Kriterien erklären, die einem zugänglich sind. Dann folgt man dem Grundsatz: «Was ich nicht wahrnehmen und was ich nicht denken kann, das gibt es nicht.» Die andere Möglichkeit ist, durch Schulung und Übung die eigene Wahrnehmungsfähigkeit zu steigern und zu erweitern, indem man offen bleibt für das, was als Rätselfragen die Grenzen des eigenen Wahrnehmens und Erkennens übersteigt. Grundsatz: «Die Welt erschließt sich, wenn ich mich auf sie einlasse.» In diesem Sinne hat Steiner die Anthroposophie stets als «Weg» bezeichnet. Erkenntnisstreben richtet sich nicht nur auf die Inhalte der Welt, sondern immer zugleich auf die eigenen Erkenntnisvoraussetzungen.

Das Bemühen, Wahrnehmungsfähigkeiten zu erweitern

Deshalb steht am Anfang der Waldorfschule nicht ein Schulmodell, sondern der erwähnte Kurs Steiners für die beginnenden Waldorflehrer, in dem er die Beobachtung des Menschen, besonders des Heranwachsenden, vom seelischen, geistigen und leiblichen Aspekt zum Inhalt wählt. Erst von dieser Grundlage aus werden dann von ihm und den Lehrern die praktischen Ausgestaltungen der Schule begonnen – ein Prozess, der die Waldorfschulen durch die inzwischen achtzig Jahre ihrer Arbeit begleitet. Erziehung an der Waldorfschule fordert in erster Linie den lernenden Lehrer. Lehrend ist für ihn das Wesen des Kindes, dem zu entsprechen eine dauernde Herausforderung bleibt.

Am Anfang steht die Herausforderung, das Wesen des Kindes zu erkennen

Der Mensch als leiblich-materielles Wesen

Durch seinen Körper, der mit der Empfängnis allmählich aufgebaut wird und nach dem Tode wieder zerfällt, ist der Mensch eingebunden in die materielle Welt. Durch ihn unterliegt er den stofflich-physikalischen Gesetzen der irdischen Welt. Dieser Körper aber ist nicht der Mensch. Er ist sein Instrument, in dem und durch das er in seinem Leben zwischen Geburt und Tod wirkt. Dass dieses Instrument «funktionieren» kann, ist selbstverständlich von großer Bedeutung für den Menschen.

Der Körper als Instrument des Menschen

Der Erziehende wird also beachten müssen, wie die körperlichen Funktionen heilsam entwickelt, gestärkt werden können, wo sie gehemmt, hindernd, «krank» sind. Besonders in den Phasen des Wachstums und der Organausbildung wirken alle Tätigkeiten des Kindes auf die leiblichen Prozesse zurück. Unterrichtsgestaltung heißt unter diesem Gesichtspunkt, einseitige Belastungen zu vermeiden, vielfältige, rhythmisch wechselnde Aktivitäten anzuregen, d.h. therapeutische Aspekte in der Schulpraxis zu berücksichtigen.[19]

Rhythmische und therapeutische Aspekte im Unterricht

Der Mensch als lebendiger Organismus

Der Körper des Menschen zerfällt, wenn er nur den materiellen Gesetzen der Welt überlassen wird; er ist dann ein Leichnam. Im lebendigen Leib ist eine Kraft wirksam, die die ungeheuer komplizierten, auch von der modernsten Naturwissenschaft noch nicht durchschauten Prozesse des Lebens organisiert. Den Träger dieser Kraft nennt die Anthroposophie «Bildekräfteleib» (oft auch Lebensleib, Ätherleib oder

Die Organisation der Lebensprozesse

Zeitleib). Dieses Wesensglied des Menschen «bedient» sich der stofflichen Welt und ihrer Gesetze, fügt ihnen aber eine neue Qualität hinzu: den gestalt- und organbildenden Stoffwechsel, durch den das Instrument des Körpers aufgebaut, verwandelt, erhalten, «gestimmt» wird, sodass der leibliche Organismus für seelische und geistige Intentionen ergreifbar wird.

Durch diesen Lebensleib ist der Mensch mit der Pflanzenwelt verwandt. In ihr wirkt diese Kraft allein auf die Organisation der Pflanzengestalt.

Im Unterrichten fördert man die belebend-gestaltenden Prozesse im Kind durch das Prinzip des Künstlerischen. Alle künstlerische Tätigkeit belebt den Menschen und seinen Umgang mit der Welt. Zugleich fördert sie **Künstlerische Aspekte** die Metamorphose der während der Kindheit im Leiblichen wirkenden Kräfte zu seelischen und geistigen Fähigkeiten.

Der Mensch als Seelenwesen

Im lebendigen Leib wirkt die Seele. Seelisches Leben zeigt sich in den Empfindungen, im Wahrnehmen und Vorstellen, in den Intentionen des Willens. Durch diese Tätigkeiten verbindet der Mensch sein inneres Eigenwesen in **Seelisches Leben** verschiedener Art mit der Welt, denkend, fühlend, wollend. Im Tätigsein verwandelt er sein eigenes Wesen, «lernt», entwickelt sich. Den lebendigen Leib als Instrument benutzend, ist die Seele an dessen Bedingungen gebunden. Andererseits prägt sie ihre Eigenkraft dem Leib und den Lebensprozessen ein.

Die Seelentätigkeiten vollziehen sich nur zu einem Teil so, dass sie im Bewusstsein des Menschen wach erfasst werden. Seelisches Leben spielt sich zu einem großen Teil halb- oder unbewusst ab. Diese Tatsache zu erkennen und mit ihr arbeiten zu können ist für den Erziehenden von großer Wichtigkeit.

So wird in allen Fächern der Waldorfschule darauf hingearbeitet, dass der Heranwachsende «mit ganzer Seele» bei der Sache sein kann. Ein Beispiel dafür ist das Erlernen der Buchstaben zu Schulbeginn. Das abstrakt reduzierte Zeichen erwächst aus einem Prozess, den das Kind durchlebt: Zunächst hört es eine Geschichte, dann gestaltet es im farbigen Bild die zentrale Erscheinung, z.B. einen Bären oder einen Fisch, und lässt aus dem Bild die Form des Buchstabens erwachsen (ein B oder ein F). Alle Seelenkräfte – Wahrnehmen, Empfinden, Willensanstrengung, Erkennen – sind an diesem Prozess beteiligt. Dieses Prinzip bestimmt, der Altersstufe und dem Sachgebiet entsprechend, die Methodik jedes Unterrichts.

Lernen «mit ganzer Seele»

Der Mensch als geistige Individualität

Alles Heranwachsen durch Kindheit und Jugend läuft auf «Mündigkeit» zu, d.h. auf die Fähigkeit der menschlichen Individualität, ihre leiblichen und seelischen Aktionen selbst bestimmen, beherrschen und verantworten zu können. Die Selbstbestimmung dieses «Ichs», des geistigen Wesens des Menschen, möglich zu machen ist die eigentliche Aufgabe der Pädagogik. – Während der Mensch seelische Tätigkeit mit den Tieren gemein hat, ist der individuelle Geist das eigentlich Menschliche, das ihn von allen anderen Wesen auf der Erde unterscheidet.

Die eigentliche Aufgabe der Pädagogik: Selbstbestimmung ermöglichen

Wieder muss man betonen, dass für die anthroposophische Anschauung dieses «Ich» in die Kräfte des physischen Leibes, der Lebensprozesse, der seelischen Tätigkeiten eingebunden ist. Das Wesen des Menschen liegt aber darin, dass er sich in diesen «Hüllen» weiterentwickelt. Dabei wirkt das Geistige verwandelnd auf die Qualität der anderen Wesensglieder ein, drückt ihnen die eigene Prägung ein.

In allem Unterricht an der Waldorfschule hat dieser differenzierende Blick auf die Natur des Menschen eine grundlegende Bedeutung. Während jede zu einseitig ausgeübte Tätigkeit ermüdet, ja in ihrer Wirkung sogar schädigend sein kann, wirkt sinnvoller Wechsel hygienisch auf die körperliche und seelische Entwicklung. So wird im Hauptunterricht, aber auch in den Fachstunden, vor allem der Unter- und Mittelstufe, die Arbeit in verschiedene Teile gegliedert. Sie beginnt mit einem «rhythmischen Teil», in dem Sprechen, Singen, Bewegen der Gruppe oder des Einzelnen die seelische Aktivität bis in die körperliche Bewegung führt. Das übende Element steht dabei im Vordergrund. Dem folgt eine Phase reflektierender, erinnernder Tätigkeit, in der die Lerninhalte bedacht, verstanden werden sollen,

Gesunden, Beleben, Bereichern, Verselbstständigen

bevor der Schritt zu Neuem erfolgt, das zuhörend oder forschend tätig aufgenommen wird. In der Gestaltung dieses Wechsels liegt die Möglichkeit, sowohl auf die Besonderheiten einzelner Kinder wie auf die ganze Klasse einzugehen. Dies ist eine der Voraussetzungen dafür, dass mit einer Klasse gearbeitet werden kann, in der nicht nach Begabungen selektiert wird.

Dieses vielseitige Ansprechen der unterschiedlichen Tätigkeiten fordert Zeit und zielt mehr auf Intensität und Vertiefung im Lernen hin als auf Umfang und Schnelligkeit im Aufnehmen von Lerninhalten.[20]

Fassen wir zusammen: Die vier Aspekte der anthroposophischen Menschenkunde auf die im Menschen verbundenen «Wirklichkeiten» bestimmen die eigentlichen Zielsetzungen des Erziehens im Hinblick auf die leibliche, seelische und geistige Entwicklung: Gesunden, Beleben, Bereichern, Verselbstständigen der im Menschen liegenden Kräfte.

5. Weitere Aspekte zum Verständnis des Menschen

Wiederverkörperung und Schicksal

Die geistige Individualität ist die Wirklichkeit des Menschen, die über ihre Erscheinung im irdisch-sinnlichen Raum und über die Zeit des Lebens in einem Leib hinausreicht. Sie verkörpert sich im Laufe ihrer Entwicklung immer wieder, geführt von ihrem individuellen Schicksal.

Auf diese Anschauung kann hier nur knapp hingedeutet werden. Sie ist aber für die Erziehung in der Waldorfpädagogik wesentlich, weil sie die innere Einstellung des Erwachsenen zum Kind und den Charakter seiner Erziehungspraxis in sehr grundsätzlicher Weise bestimmt. Diese Anschauung führt zu der Haltung, in jedem Kind einen vollen menschlichen Geist anzuerkennen, dem der früher Geborene nur helfen kann, seine eigenen Lebensintentionen zu verwirklichen.[21] Der Mensch als geistiges Wesen hat seine Existenz vor der irdischen Geburt und bringt aus ihr die Intentionen für seinen Lebensweg mit. Diese Intentionen ergeben sich aus seinen früheren Verkörperungen als Mensch. Sein irdisches Leben führt über die Schwelle des Todes hinaus in eine nachtodliche Existenz. Dadurch wird die Entwicklung der Menschheit mit dem Schicksal jeder einzelnen menschlichen Wesenheit verbunden – eine Anschauung, die auch andere Vertreter der modernen europäischen Geistesgeschichte entwickelt haben (etwa Lessing, Goethe, Immanuel H. Fichte, A. von Cieskowski).

Der Schicksalsbegriff (Karma) in der Anthroposophie wird oft missverstanden, weil er mit den Ideen eines östlichen Fatalismus oder den Vorstellungen einer Prädestination gleichgesetzt wird.

Jedes Kind ein geistiges Wesen mit individuellem Schicksal

Steiners Schicksalsbegriff verbindet den Aspekt einer aus der Vergangenheit gegebenen Folge-Notwendigkeit mit der Handlungsfreiheit des Menschen in den Raum der Zukunft hinein. Für Steiner war diese Anschauung von Wiederverkörperung und Schicksal der Schlüssel zu einer wirklich menschlichen Gestaltung des Zusammenlebens, weil sie dem Handeln des Menschen wirkliche Ver-«Antwortlichkeit» verleihen kann.

Der anthroposophische Schicksalsbegriff

Stufen der Entwicklung in Kindheit und Jugend

Unter diesen Aspekten ergibt sich ein Bild der menschlichen Biografie, das die Aufgaben der Erziehung in einen weiten Horizont stellt. Die einzelnen Lebensstufen von der Geburt bis zum Tod zeigen sich nicht nur als ein bloßes quantitatives Zunehmen an Größe, Kraft, Wissen, Können usw., sondern sie unterscheiden sich qualitativ durch das jeweils andere Zusammenwirken der verschiedenen Existenzbereiche des Menschen, die Steiner als «Wesensglieder» bezeichnet.

Erziehung mit Blick auf die Gesamtbiografie

Das Kind baut in den neun Monaten im Mutterleib seinen Leib und dessen Organe auf. Es ist heute allgemein bekannt, welche Verantwortung der Mutter in dieser Zeit für die ganze Biografie des Kindes zuwächst. Die Stoffe, die sie zu sich nimmt, aber auch die körperlichen und seelischen Verhaltensweisen greifen tief in die Entwicklung des Organaufbaus ein, gesundend und fördernd oder hemmend, schädigend.[22]

Mit der Geburt beginnt das organische Eigenleben des Kindes. In den ersten drei Jahren sind die Lebenskräfte auf das Wachstum und auf die Differenzierung der leiblichen Organe gerichtet. Das Innenwesen des Kindes ist noch ganz von diesen Prozessen bestimmt. Außen- und Innenwelt werden in gleicher Weise schlafend-träumend aufgenommen. Alle Vorgänge der Umgebung, also besonders das Verhalten der Eltern und der Familie, wirken bis in die Gestaltung der Organe hinein, weil das Kind die Grenze zwischen sich und der Welt noch nicht ziehen kann.

Die ungeheuren Lernleistungen des Kleinkindes, wenn es sich aufrichtet, geht, die Sprache ergreift und wenn sein Vorstellungsleben erwacht, werden im Wechselspiel von Betätigung und Ausgestaltung seiner Organe erzielt. So können wir beobachten, wie das Kleinkind durch die willkürlichen Bewegungen seiner Glieder allmählich zum Krabbeln, Stehen, Gehen kommt, im Beherrschen der Bewegungen zugleich seine Glieder und deren Bewegungen ausbildet. Die Bewegungsfähigkeit der Glieder wirkt aber auch differenzierend auf andere Fähigkeiten. Die Ausbildung der Feinmotorik fördert zum Beispiel den Spracherwerb und das Vorstellungsvermögen. Erziehung in dieser Phase bedeutet also vor allem Pflege der leiblichen Gesundheit, Anregung durch die «vorbildende» Tätigkeit der Erwachsenen.

Lernleistungen des Kleinkindes

Ein wesentlicher Aspekt in der anthroposophischen Pädagogik ist die Beachtung der Entwicklungsrhythmen. Ihre Gesetzmäßigkeiten gelten umso strenger, je früher eine Phase in der Biografie liegt. In der Zeit der Schwangerschaft kann die Embryologie auf den Tag, anfangs sogar auf die Stunde genau angeben, welche leiblich-organischen Bildeprozesse sich abspielen. Beschleunigung oder Verzögerung durch äußere Faktoren bedeuten Störung, Behinderung oder sogar Schädigung der Organbildungen. Man kennt dies bei den «Frühgeburten». Organe müssen Funktionen übernehmen, für die sie noch nicht voll ausgebildet sind. Der Organismus ist bis zu einem gewissen Grad in der Lage, das auszugleichen, aber es bedeutet Belastung, eventuell Behinderung für die ganze spätere Lebenszeit. Ein Kind beispielsweise stehen oder laufen zu lassen – was durch den Erwachsenen ja veranlasst werden kann –, bevor die Beine kräftig genug sind, ist eine schwere Belastung für den Bewegungsapparat.

Rechtzeitig – vorzeitig

Dasselbe gilt für die seelische und geistige Entwicklung. Zu frühe Betätigung z.b. der intellektuellen Kräfte, indem Lesen oder Rechnen mit Kleinkindern trainiert wird, fördert nicht, sondern beansprucht und verbraucht Kräfte, die noch zum Aufbau der Organe benötigt werden.

Die zeitliche Festlegung dieser Prozesse wird in den späteren Stufen der Biografie immer individueller, wird unabhängiger von den rein leiblich-biologischen Prozessen.

Ein starker Einschnitt der Entwicklung liegt im siebten Lebensjahr. Die Tätigkeit der Lebenskräfte wird mehr und mehr aus der Organbildung befreit und steht nun für andere Prozesse zur Verfügung, am deutlichsten für die Fähigkeit, Gedankenbildung im eigenen Inneren erfassen zu können. Das Kind wird schulreif. Äußeres Zeichen für diesen Übergang ist der Zahnwechsel und der Abschluss des ersten Gestaltwandels. Das Seelische des Kindes lebt in einem wachsenden Reichtum der inneren Bilderwelt. Es «genießt» die Welt und legt hier das Fundament für die Fülle seiner Erlebnisfähigkeit.

Der Einschnitt im siebten Lebensjahr

Mit der Geschlechtsreife beginnt der junge Mensch seine Seelenkräfte als eigenen Innenraum zu erleben und zu betätigen. Denken, Urteilen, Zuneigung und Ablehnung, Interessen und Tätigkeiten gewinnen immer stärker persönlichen Charakter, werden zum Ausdruck individueller Intention. Die «Geburt» dieses Seelenraumes nach der Pubertät ist ein dramatisches Geschehen, sowohl für das Eigenerleben des Jugendlichen als auch in seinem Verhältnis zur Welt. Der neue Freiheitsraum bringt Gefährdungen, Herausforderungen, Krisen mit sich. Es bilden sich aber auch die Grundlagen für die späteren Lebensimpulse, z.B. im Beruf.

Nach der Pubertät

Am Ende des dritten Jahrsiebts vermag der junge Mensch mehr und mehr aus eigener Bestimmung mit seinen Kräften umzugehen, er wird «mündig». Erziehung kann zur Selbsterziehung werden, das weitere Lernen, Urteilen und Handeln kann selbstständig gestaltet werden.

Durch die drei ersten Jahrsiebte der Biografie wird der Mensch in seiner Entwicklung von seinen Wachstumskräften getragen und beschenkt. Jeder Erwachsene weiß, wie viel schwerer es ist, sich
etwas in späterer Lebenszeit lernend anzu-

Lebenskräfte – Ich-Kräfte

eignen. Diese Kräfte erschöpfen sich mit zunehmendem Alter, durch den wachsenden Zivilisationsstress immer früher. An ihre Stelle muss die Kraft des Ichs treten, durch die der Mensch sich seelisch-geistig weiterentwickeln kann, auch wenn die Lebenskräfte nachlassen, die leibliche Grundlage des Daseins schwächer wird.

Auch in den späteren Lebensphasen vermag der Mensch sich weiterzuentwickeln, neue, dem Alter entsprechende Fähigkeiten zu entfalten. Er kann aber auch in seiner Entwicklung stehen bleiben. Viel hängt davon ab, mit welchen Kräften und Reserven er in den ersten Lebensphasen ausgestattet wurde. Erziehung ist also im Hinblick auf die gesamte Biografie zu betrachten.

Die vier Wesensglieder des Menschen und ihr Zusammenwirken

Fassen wir diesen anthroposophischen Aspekt auf die Biografie noch einmal zusammen:

Der Mensch als individuelles geistiges Wesen verkörpert sich auf der Erde, indem er sich zunächst seinen Leib ausgestaltet. Selbstverständlich sind die Erbanlagen bestimmend für die leibliche Kon-
stitution des Menschen, ebenso wie die

Die Biografie im Zusammenspiel der menschlichen Existenzbereiche

Umwelt, in der er lebt, prägend auf ihn einwirkt. Aber beide Faktoren werden in der Anthroposophie nicht als den Menschen ausschließlich determinierend gesehen, sondern als Herausforderung – in positiver wie in negativer Weise – für die Entwicklung seines eigentlichen Wesens betrachtet. Der physische Leib als stoffliche Grundlage des Daseins durchläuft eine

Entwicklung. Er wird gebildet, aufgebaut, erhalten, verfestigt sich. Mehr und mehr überwiegen die abbauenden Kräfte, bis schließlich dieser Leib nicht mehr gehalten werden kann; der Tod lässt ihn in die materiellen Elemente zerfallen.

An diesem Prozess lässt sich die Wirksamkeit des zweiten Wesensgliedes des Menschen ablesen. Sein Bildekräfteleib gestaltet und erhält die physischen Organe. Doch seine Wirksamkeit wandelt sich im Laufe der Biografie. Seine Kräfte werden durch das seelische und geistige Leben ergriffen und «verbraucht». Alle wache Tätigkeit ermüdet. Wenn der Mensch schläft, zieht er seine seelische und geistige Wesenheit (den Astralleib und das Ich) aus dem Leib zurück, der sich durch die Wirksamkeit des Bildekräfteleibes dann regenerieren kann. In der Kindheit ist dieser Bildekräfteleib primär in den Aufbauprozessen des Leibes gebunden. Erst im zweiten Jahrsiebt wird er «frei», um seine Wirksamkeit für das seelische Leben zur Verfügung zu stellen. Die Kräfte, die zuvor im Aufbau der Organe gebunden waren, werden nun in den Bildeprozessen des Denkens seelisch ergriffen und benutzt. Man kann das als eine zweite Geburt bezeichnen.

Mit dem Beginn der Jugendzeit befreien sich die seelischen Fähigkeiten von ihrer Bindung an den heranwachsenden Organismus. Das Seelenwesen des Menschen wird zum selbstständigen Umgang mit seinen Kräften fähig, die sich dann durch die Kraft des Ich in weiteren Stufen der Biografie verwandeln.

Weil der Mensch sich entwickeln kann, ist er ein «offenes» Wesen, und in dieser Offenheit – man kann auch sagen: in seiner Freiheit – liegt das Rätsel der menschlichen Existenz, dem näher zu kommen das Bestreben der Anthroposophie ist. Es geht dabei nicht darum, ein geschlossenes Erklärungsschema aufzustellen, sondern den Blick auf die Vielfalt der Welterscheinungen zu schulen und zu schärfen.

Der Mensch – ein «offenes» Wesen

Vor diesem Hintergrund wird erklärlich, dass die Vielfalt der Fächer an der Waldorfschule im wissenschaftlichen, künstlerischen und handwerklich-technischen Bereich nicht primär durch die speziellen Inhalte und Ergebnisse bestimmt ist, sondern durch das, was sie für die Entwicklung bestimmter Kräfte und Fähigkeiten im Kind und im Jugendlichen leisten. Gestrickt wird also in der 1. Klasse nicht, um Topflappen herzustellen, sondern weil diese – oder eine entsprechende – Übung der konzentriert beherrschten Feinmotorik bestimmte Fähigkeiten entwickelt, z.B. im Sprechvermögen, im logischen Verknüpfen, im Entwickeln von «Fingerspitzengefühl».

Wie fördern die einzelnen Fächer bestimmte Fähigkeiten?

Der Lehrplan der Waldorfschule will sowohl im Nacheinander als auch im Nebeneinander der Tätigkeiten auf dieses Zusammenwirken der Kräfte in der Entwicklung des Kindes eingehen.

Das Prinzip der Dreigliederung

Die Bedeutung des anthroposophischen Ansatzes für das Verständnis des Menschen und für die Praxis z.B. der Pädagogik soll an der Betrachtungsweise des menschlichen Organismus gezeigt werden. Auch hier geht es darum, durch geisteswissenschaftliche Methode über ein eindimensionales materielles Verständnis des Menschen hinauszukommen und den Menschen auch in seiner äußeren Erscheinung als seelisch-geistiges Wesen zu erfassen. Die leibliche Organisation des Menschen ist Ausdruck seines seelischen und geistigen Wesens.

Das seelische Leben differenziert sich in drei Bereiche: das wache, bewusste Leben in der Sinneswahrnehmung und im Denken, das Fühlen, in dem der Mensch mit weniger deutlichem Bewusstsein lebt, und das Wollen, das sich dem Bewusstsein weitgehend entzieht. Der erste Bereich vermittelt uns durch unsere Sinne und Nerven die Bilder der Welt als *Sinneseindrücke* und *Vorstellungen*. Wir leben hier

Die drei Bereiche des seelischen Lebens

nicht in den Dingen, sondern sind ihnen als Objekten gegenüberge-
stellt. Dadurch können wir sie bewusst erfassen. Unsere *Empfindungen* erleben wir in der Grundpolarität von Sympathie und Anti-
pathie, von Hingabe und Abneigung, durch die wir uns mit der
Welt verbinden oder uns von ihr trennen. Mit der Intentionalität
unseres *Willens* stellen wir uns in die Kräftezusammenhänge der
Welt hinein. Wenn wir handeln, zieht sich unser Bewusstsein zurück. Unsere Bewegungen stocken, wenn wir z.B. im Sport, beim
Musizieren, beim Handwerken über sie nachzudenken beginnen.
Diese drei Bereiche des Seelenlebens durchdringen sich im alltägli-
chen Bewusstsein natürlich und ergeben so die Vielfalt unseres
Erlebens.

Von diesem Ansatz aus lässt sich auch ein vertieftes Verständnis
der menschlichen Gestalt und ihrer Funktionen gewinnen, denn der
Leib ist auf diese seelischen Funktionen hin organisiert. Steiner
unterscheidet drei physiologische Systeme:
das *Nerven-Sinnes-System*, dominierend **Die Dreigliederung der**
im Haupt, von dort aber in den ganzen Leib **körperlichen Funktionen**
ausgreifend, das *rhythmische System* von
Atmung und Blutkreislauf, dominierend in
der mittleren Sphäre des Brustraumes, und das *Stoffwechsel-Gliedmaßen-System*. Diese drei Systeme sind die leiblichen Grundlagen
für die bereits charakterisierten Formen des seelischen Lebens. Im
Wahrnehmen und Denken stützen wir uns auf unser Nerven-Sinnes-System, im Fühlen auf unser rhythmisches System, mit unserem Willen auf das Stoffwechsel-Gliedmaßen-System.

Aus dieser Anschauung des Menschen ergeben sich für den Erzieher die vielfältigsten Möglichkeiten, die Entwicklung und die
Bedürfnisse der Kinder zu verstehen und sie fördernd zu begleiten.
Fähigkeiten zu bilden bedeutet vor allem,
die einzelnen Tätigkeiten mit dem ganzen **Berücksichtigung**
Wesen des Menschen zu verbinden. So wird **im Unterricht**
z.B. die Einführung der Trigonometrie in
der 9. Klasse mit einem Feldmess-Prakti-
kum verbunden. Durch die Erfahrung am Nivelliergerät, an Theo-

dolith und Messlatten wird der theoretische Stoff konkret ergriffen und in seiner Bedeutung für die Praxis erkannt. Entsprechende Unternehmungen an den Waldorfschulen sind die Praktika in der Landwirtschaft, das Sozialpraktikum, Industriepraktikum, aber auch die Theater-Aufführungen in der Mutter- oder einer Fremdsprache. Solche «Projekte» werden heute mehr und mehr auch von anderen Schulen durchgeführt, weil sie die Schüler mit ihrem ganzen Wesen in den Arbeitsprozess einbeziehen.

Der Mensch als Sinneswesen

Besonders bedeutsam für die Waldorfpädagogik ist die anthroposophische Anschauung der Sinnestätigkeit. Die Sinne verbinden als Wahrnehmungsorgane den Menschen mit der Welt. Ihre Bildung und Schulung ist also Grundlage für das Erleben von allem, was außerhalb des eigenen Menschenwesens liegt. Steiner hat zur Frage der Sinnesorgane differenziertere Anschauungen entwickelt, als sie in der Wissenschaft damals galten. Heute sind sie auch in der allgemeinen Physiologie zu finden.[23]

Eine differenzierte Sinneslehre

Steiner erweitert und differenziert den Bereich der Sinne. Er unterscheidet drei Wahrnehmungsbereiche:

1. Der Mensch braucht Sinnesorgane, um seine eigene Leiblichkeit, die für ihn auch eine Außenwelt darstellt, wahrzunehmen. Dies sind der Gleichgewichtssinn (durch den die Lage des Leibes in den Richtungen des Raumes erfahren wird), der Eigenbewegungssinn, der Lebenssinn (der die Befindlichkeiten des Leibes wie Hunger, Wohlbefinden, Müdigkeit etc. wahrnimmt) und der Tastsinn (der zwar scheinbar Umwelt wahrnimmt, bei genauer Betrachtung aber über die Wahrnehmung der Druckveränderungen der Leibes-

Die zwölf Sinne des Menschen

oberfläche wirksam ist). Steiner nennt dies die leiblichen Sinne, auch die unteren Sinne.

2. Durch die zweite Gruppe der Sinne werden Qualitäten der Umwelt erfahren. Es sind dies der Wärmesinn, der Geschmackssinn, der Geruchssinn und der Sehsinn. Sie vermitteln uns durch den Wärme-, Wasser-, Luft- und Lichtbereich die Beschaffenheit der Außenwelt. Steiner nennt sie seelische Sinne, auch mittlere Sinne.

3. In der Außenwelt nehmen wir auch geistige Inhalte wahr, die nicht aus unserem eigenen Inneren stammen: Töne, Worte, Gedanken, andere Individualitäten. Steiner bezeichnet diese als die geistigen oder oberen Sinne: den Hörsinn, den Wort- oder Sprachsinn, den Gedankensinn und den Ich-Sinn.

Die Sinne sind nicht voneinander getrennte Apparate, sondern wirken in ihren Wahrnehmungsfunktionen zusammen und bewirken so, dass wir die Welt als eine Einheitlichkeit erleben. Die Wahrnehmungsfähigkeit hängt einerseits von der Funktionsfähigkeit der leiblichen Sinnesorgane ab, andererseits aber auch von der seelischen Aktivität, die sich ihrer bedienen kann. Um z.B. sehen zu können, bedarf es nicht nur des Auges, sondern einer inneren Kraft, um das, was das Auge liefert, wirklich wahrzunehmen.[24] Sinnesschulung in der Erziehung verlangt deshalb vor allem die Ausbildung der inneren Erlebnisfähigkeit. Sie «schärft» die Sinnesorgane und macht sie für den Menschen zu Toren zur Welt.

Sinneserziehung: ein zentrales Anliegen der Waldorfpädagogik

Die Wirksamkeit der Sinne ist darüber hinaus in den verschiedenen Abschnitten der Biografie unterschiedlich. Das Kind lebt stärker in den leiblichen Sinnen. Im Laufe des Lebens verschiebt sich der Wahrnehmungsschwerpunkt mehr auf die Seite der oberen Sinne. Dabei ist aber zu beobachten, dass durch die Ausbildung der leiblichen Sinne die der anderen gefördert wird. Bekannt ist der Zusammenhang zwischen Ausbildung der Feinmotorik bei Kindern und ihrer Sprachfähigkeit, aber ebenso hängen körperliche Bewegung und Denken, Tasterlebnisse z.B. durch den Körperkontakt mit der Mutter und spätere Selbstsicherheit zusammen.

Deshalb ist die Erziehung der Sinne eines der zentralen Anliegen der Waldorfpädagogik. Sie entwickelt im Menschen Weltoffenheit.

6. Anthroposophie –
eine «Weltanschauung»?

Die meisten Fragen an die Waldorfschulen, auch Vorbehalte oder Angriffe ihnen gegenüber, gehen davon aus, Waldorfschulen seien «Weltanschauungsschulen». In ihnen werde Anthroposophie gelehrt. Kritiker kommen sowohl aus dem Bereich der religiösen Konfessionen als auch **Was heißt «Weltanschauung»?** aus Kreisen, die sich für weltanschaulich «neutral» halten. Dabei ist der Begriff der «Weltanschauung» sehr unbestimmt und hat in unserem Jahrhundert auch einen Bedeutungswandel erfahren.[25]

Menschliches Bewusstsein im weitesten Sinne, auch Wissenschaft, gibt es nicht ohne einen bestimmten Aspekt auf die Welt. Die Frage ist, ob dieser Aspekt reflektiert wird und welche Konsequenz sich aus ihm für den Umgang mit anderen Sichtweisen ergeben.

Anthroposophie als «Weltanschauung»

In seinem Buch *Die Rätsel der Philosophie in ihrer Geschichte als Umriss dargestellt*, das 1914 als Ergebnis langjähriger Studien erschien, stellt Steiner die Philosophen von den Vorsokratikern bis in seine Gegenwart auf eine bemerkenswerte Weise dar.[26] Er versucht die verschiedenen **Verschiedene Anschauungen** Anschauungen aus dem jeweiligen Er- **durch verschiedene** kenntnisansatz verständlich zu machen, zu **Erkenntnisansätze** zeigen, wie ein individuelles Erfassen der «Wahrheit» zu den philosophischen Systemen führt. Es geht ihm also nicht darum, Gedanken als richtig oder falsch zu beurteilen, sondern die Voraussetzungen zu klären, aus denen sie erwachsen.

Im Januar 1914 hielt Steiner in Berlin vier Vorträge, in denen er sich explizit mit der Frage der «Weltanschauungen» und ihrem Verhältnis zur Anthroposophie befasst.[27] Zunächst entwickelt er hier methodisch den Unterschied von starrem und beweglichem Denken. Am Beispiel des Dreiecks zeigt er,

Bewegliches Denken dass ein Denken, das mit festen Vorstellungsbildern arbeitet, zu Recht behaupten muss, es gebe einen allgemeinen Begriff des Dreiecks nicht, sondern nur verschiedene Einzelformen. Um zum wirklichen Allgemeinbegriff, zur Idee des Dreiecks zu kommen, muss das Denken eine andere Qualität entwickeln: Es muss sich selbst in Bewegung bringen. Anstatt sich eine spezielle Form vorzustellen, sollen die drei Seiten des Dreiecks innerlich in Bewegung versetzt werden, sodass ein fließendes Gebilde durch alle möglichen Einzelformen entsteht. Jede spezielle Form entsteht durch das Anhalten der Bewegung. Diese – sehr anstrengende – Übung befähigt das Denken, in der inneren Anschauung den allgemeinen Begriff des Dreiecks zu fassen. Dasselbe gilt für Begriffe überhaupt, z.B. den einer Rose, eines Löwen und so weiter.

Steiner stellt dann die Grundpositionen der Weltanschauungen als einen Kreis von Aspekten dar: Materialismus – Mathematismus – Rationalismus – Idealismus – Psychismus – Pneumatismus –

Weltanschauung: eine bestimmte Sichtweise der Wirklichkeit Spiritualismus – Monadismus – Dynamismus – Realismus – Phänomenalismus – Sensualismus. Diese Aspekte können wiederum in verschiedenen inneren Qualitäten, die durch die Erfahrungsqualität des Menschen bestimmt sind, variieren: Empirismus – Mystik – Transzendentalismus – Okkultismus – Gnosis – Logismus – Voluntarismus. Auf die genaue Definition der einzelnen Begriffe kommt es zunächst nicht an. Steiner belegt sie mit konkreten Beispielen aus der Philosophiegeschichte.

Jeder dieser Aspekte «hat Recht», weil er von der Erfahrung einer bestimmten Daseinsform der Welt ausgeht. Wenn dieser Aspekt aber zum universellen Prinzip erhoben wird, seine spezielle Denkform auf alle Bereiche übertragen wird, kann er der Wirklichkeit nicht mehr entsprechen. Was dem eigenen Aspekt nicht entspricht, wird ihm entweder unterworfen oder als nicht existent ausgeblendet. So kann es für die Erkenntnis eine tiefe Überzeugung bewirken, in allen Phänomenen der Welt die Gesetze der Mathematik zu entdecken. Und zweifelsfrei lassen sich viele Erscheinungen mathematisch erfassen. Die Berechenbarkeit der Dinge gibt Sicherheit und Objektivität, die Ergebnisse sind richtig. Wird aber nur die berechenbare Wirklichkeit anerkannt, dann entziehen sich andere Bereiche der Erkenntnis, die mit mathematischer Methode nicht erfassbar sind.

Steiner sah es als eine Aufgabe an, eine Wissenschaftshaltung zu entwickeln, die die Aspekthaftigkeit der menschlichen Wahrnehmungs- und Denkformen erkennt und in der Bewegung durch die verschiedenen Standpunkte hindurch offen bleibt für die verschiedensten Sichtweisen. **Offen bleiben für verschiedene Arten der Weltbetrachtung** Anthroposophie heißt unter diesem Aspekt auch, die Grenzen und Bedingtheiten einer Art von Weltbetrachtung dadurch zu überwinden, dass das Denken sich zum Wahrnehmungs- und Erkenntnisorgan für die verschiedenen Ebenen der Wirklichkeit ausbildet.

In vielen Bereichen unserer Kultur, gerade auch in der «Wissenschaft», herrscht heute die Tendenz vor, bestimmte Vorstellungs- und Denkformen, vor allem ein mechanistisch-materialistisches Denken, als einzig wirklichkeitsgemäß anzuwenden. Die Folgen lassen sich allenthalben ablesen, wo wir feststellen müssen, oft an katastrophalen Ereignissen, dass «zu kurz» gedacht wurde. Die menschliche Erkenntnisfähigkeit ist aber erweiterbar, nicht nur quantitativ, sondern auch qualitativ. Dadurch gewinnt sie Zugang zu Bereichen, die nicht nur der materiell-sinnlichen Seite der Welt zuzurechnen sind, sondern dem, was nicht physisch sichtbar und doch «wirklich» ist: zu den Lebensvorgängen, der seelischen Welt, zu geistigen Bereichen, also zur «übersinnlichen» Seite der Welt.[28]

Selbstverständlich gelangt anthroposophische Erkenntnis zu inhaltlichen Ergebnissen. Sie erweisen sich in den praktischen Konsequenzen für das individuelle Leben und für die soziale Praxis

als wirksam und überprüfbar. Sie sind aber durch die Erkenntnis-
methodik niemals dogmatisch im Sinne
ausschließlicher Gültigkeit zu verstehen.
Das widerspräche zwei Grundprinzipien
der Anthroposophie: der Anschauung von
der Priorität individueller Freiheit und der
Anschauung, dass der Mensch ein sich entwickelndes Wesen ist.[29]

Inhaltliche Ergebnisse sind nicht dogmatisch zu verstehen

Ist die Waldorfschule eine «Weltanschauungsschule»?

Steiner hat sich energisch dagegen verwahrt, mit der Waldorfschule
eine «Weltanschauungsschule» zu gründen. Sie sollte als Angebots-
schule allen Kindern offen stehen, deren Eltern sie wählen. Inhalte
der Anthroposophie sollten in der Schule
nicht vermittelt werden. «Anthroposophie
ist kein Lehrinhalt, aber wir streben hin auf
praktische Handhabung der Anthroposophie (...). Die Anthroposophie werden wir
nur betätigen in der Methodik des Unterrichts.»[30] Die «weltanschauliche» Unterweisung in der Waldorfschule wurde von Beginn an im
Religionsunterricht der verschiedenen Konfessionen erteilt, der von
Vertretern der Kirchen erteilt wurde.

Anthroposophie: kein Lehr-inhalt der Waldorfschule

Dennoch ist der Begriff «Weltanschauungsschule» als Urteil über
Waldorfschule weithin gängig. Das hängt zusammen mit der Geschichte dieses Begriffes vor allem seit der Weimarer Verfassung und
den damaligen Diskussionen über das Schulrecht. Kirchliche Schulen,
Bekenntnisschulen (religiös oder areligiös), Weltanschauungsschulen
(z.B. sozialistische) wurden «wertfreien», weltlichen Schulen gegen-
übergestellt. Juristisch und inhaltlich blieben die Begriffe ungeklärt.
Auch in der Verfassung der Bundesrepublik, in der das Wahlrecht der
Eltern in Bezug auf die Erziehung ihrer Kinder und die Errichtung freier, d.h. nicht staatlich dirigierter Schulen im Grundgesetz garantiert
ist, bleibt der Begriff «Weltanschauungsschulen» unklar.[31]

Betrachtet man die Intention und die Wirkung der Waldorfschule, dann wird die Frage nach der «Weltanschaulichkeit» deutlicher:

– Eltern können ihre Kinder ohne Bedingungen an ihre Zugehörigkeit zu einer Konfession oder Weltanschauung in die Waldorfschule schicken.
– Wenn gewünscht und durchführbar, wird Religionsunterricht durch Vertreter der entsprechenden Konfessionen erteilt.
– Die Grundlagen der Waldorfpädagogik werden den Eltern vor dem Eintritt in die Schule in Informationsabenden erläutert und durch die ganze Schulzeit hindurch in Elternabenden, Vorträgen, Seminaren usw. behandelt.
– Erziehungsziel ist die selbstständige Urteilsbildung des Menschen, nicht die Tradierung eigener Anschauungsformen.
– Erziehung ohne eine weltanschauliche Grundlage der Erziehenden ist nicht möglich. Es ist nur die Frage, ob sie bewusstgemacht wird und wie sie sich zu anderen Anschauungen ins **Anthroposophie als Methode** Verhältnis setzt. Die menschenkundliche Methodik der Waldorfschule schafft eine gemeinsame Grundlage der Erziehung.
– Am Abend vor dem ersten Lehrerkurs, am 20.8.1919, bezeichnete Steiner die intendierte Grundstimmung der Schule. Sie umfasst zwei Motive: zu arbeiten aus der Not der Zeit und an den großen Aufgaben der Zeit, «die man sich beide nicht groß genug vorstellen kann».
– In der gleichen Ansprache heißt es: «Die Waldorfschule (...) wird eine Einheitsschule sein in dem Sinne, dass sie lediglich darauf Rücksicht nimmt, so zu erziehen und zu unterrichten, wie es der Mensch, wie es die menschliche Gesamtwesenheit erfordert.»[32] Man könnte dies vergleichen mit dem Wirken anthroposophischer Ärzte, Heilpädagogen, Landwirte. Sie alle wenden die durch Anthroposophie begründeten Methoden an, um neue, für ihr Arbeitsfeld heilsamere Wege zu beschreiten, nicht, um aus den Behandelten oder aus den Konsumenten Glaubensanhänger zu machen.

Anthroposophie und Christentum

Oft sieht sich die Waldorfpädagogik auch kritischen Einwänden von kirchlicher Seite ausgesetzt. So wird ihr von Vertretern der christlichen Konfessionen etwa der pauschale Vorwurf gemacht, die Anthroposophie stimme nicht mit dem christlichen Glauben überein. Welche Bedeutung hat also das Christentum für die Anthroposophie und für die pädagogische Praxis in der Waldorfschule?[33]

Das Christentum nimmt im Werk Steiners eine zentrale Rolle ein. Steiner hat die weltgeschichtliche Bedeutung des Christentums in seinen Schriften und Vorträgen vielfach dargestellt. Er sieht im Erscheinen des Jesus Christus ein menschheitliches, ja sogar ein kosmisches Geschehen, das für die zukünftige Entwicklung der Erde und der Menschheit von entscheidender Bedeutung ist. Seine Forschungen und Darstellungen wollen nicht ein theologisches Lehrgebäude errichten, das sich von anderen Bekenntnissen absetzt, sondern einen neuen Zugang zu den Impulsen des Christentums öffnen. Entsprechend seiner Anschauung von der historischen Entwicklung zum Individualismus ist für ihn das Christentum der Zukunft nicht an die Zugehörigkeit und an das Bekenntnis zu einer bestimmten Gruppe gebunden, sondern realisiert sich in der Lebenseinsicht und Lebenspraxis des individuellen Menschen. Steiner schlägt dabei eine Brücke zwischen Christentum und den spirituellen Impulsen anderer Kulturen einerseits und dem modernen naturwissenschaftlichen Bewusstsein andererseits. Seine Intention dem Christentum gegenüber ist – auf einer anderen Ebene – dieselbe wie gegenüber der Erkenntnis des Menschen: das Geistige im Menschen mit dem Geistigen im Weltall zu verbinden.

Was bedeutet das Christentum für die Anthroposophie?

Für die Pädagogik sehen die Waldorfschulen neben der Pflege der Wissenschaft und der Kunst auch die religiöse Erziehung als notwendig an. Sie geht auf ein Grundbedürfnis der Kinderseelen ein und kann moralische Werte, auch Andacht, Bewunderung, Ehrfurcht vor der Schöpfung und der Gottheit, veranlagen. Dieses

Element kann in jedem Unterricht mitschwingen, ist dort dann mehr eine methodische Grundstimmung. Unabhängig von konfessionellen Bindungen hat religiöse Erziehung für Kinder und Jugendliche ebenso ihre Bedeutung wie wissenschaftliche, künstlerische oder technische Ausbildung.

Religiöse Erziehung als Bedürfnis des Kindes

Bei der Einrichtung des Religionsunterrichtes legte Steiner aber Wert darauf, dass die Kinder von Vertretern derjenigen Konfession unterrichtet werden können, die die Eltern wünschen. So wird, wenn es die Kirchen leisten wollen und können, das «Fach» Religion von ihnen unterrichtet. Da schon bei der Gründung der Schule und auch heute viele Eltern nicht mehr kirchlich gebunden sind, richtete

Konfessioneller Religionsunterricht

Steiner einen «freien christlichen» Religionsunterricht ein, der für deren Kinder gewählt werden kann. In ihm werden Themen der christlichen wie der anderen Weltreligionen behandelt.

In den Waldorfschulen werden die christlichen Jahresfeste bewusst gepflegt, aber auch die Feste anderer Religionen einbezogen, denn von Anfang an besuchten auch Kinder jüdischen oder islamischen Glaubens die Waldorfschule.

7. Anthroposophie und Erziehungswissenschaft

Für die offizielle Wissenschaft existierte Waldorfpädagogik während der ersten fünfzig Jahre ihres Wirkens praktisch überhaupt nicht. Mit ihrer Begründung aus der Anthroposophie wurde sie von vornherein als «unwissenschaftlich» abgetan, wurde höchstens als eine der «alternativen» reformpädagogischen Bewegungen erwähnt, in ihrem praktischen Wirken oft sogar gelobt. Dasselbe Phänomen ist z.B. gegenüber der anthroposophischen Medizin und der biologisch-dynamischen Landwirtschaft zu beobachten.

Trotz der vielfältigen Forderung nach einem notwendigen «Paradigmenwechsel», die in der zweiten Hälfte des Jahrhunderts von vielen bedeutenden Vertretern der Wissenschaft erhoben wurde,[34] hat sich an dieser Tendenz der Wissenschaft nichts geändert. Steiners «Geisteswissenschaft», die als Baustein einer solchen Neuorientierung betrachtet werden kann, knüpft in vielem an die Anschauungen des deutschen Idealismus in der Goethezeit an und entwickelt darüber hinaus eine Methodik des Umgangs mit spirituellen Inhalten. Steiner gab seinem Grundwerk, der *Philosophie der Freiheit*, den Untertitel: «Grundzüge einer modernen Weltanschauung. Seelische Beobachtungsresultate nach naturwissenschaftlicher Methode».[35] Eine wirkliche Beachtung fand er damit im akademischen Wissenschaftsbereich nicht, und das ist im Grunde bis heute so.

Anthroposophische Pädagogik: unwissenschaftlich?

Auf dem Gebiet der Pädagogik setzte in den achtziger Jahren eine «wissenschaftlich-kritische» Auseinandersetzung mit der Waldorfpädagogik ein, auch als eine Folge der starken Ausbreitung der Waldorfschulen.[36] Parallel dazu begann aber auch ein fruchtbarer Dialog zwischen Erziehungswissenschaftlern und Vertretern der

Waldorfpädagogik, bei der auch der anthroposophische Ansatz der Waldorfschule in adäquater Weise berücksichtigt wird.[37]

Andererseits sind auch die Waldorfschulen in neuer Weise gefordert, in den Dialog mit der Erziehungswissenschaft einzutreten. Die Aufgaben, die sich für die Erziehung in den nächsten Jahrzehnten stellen, sind von dramatischer Bedeutung. Die globale Informationsgesellschaft, die Dominanz wirtschaftlicher Interessen, die gesellschaftlichen Wandlungen z.B. im Bereich der Familienkultur stellen die Schulen vor ganz neue Fragen, wie die Heranwachsenden so zu erziehen sind, dass sie nicht nur zu Faktoren ökonomischer Interessen werden. Hier liegen gemeinsame Sorgen und Aufgaben, die im Interesse der Jugend aufgegriffen werden müssen.

Ein Dialog ist notwendig

Steiner sah «die Erziehungsfrage als soziale Frage».[38] Sie ist dies am Beginn des neuen Jahrhunderts in neuer, nicht minder brennender Weise. 1919 ging es um das Recht auf Erziehung für alle Kinder. Heute geht es darüber hinaus um die Frage, was «Bildung» angesichts der zukünftigen Lebensverhältnisse, die die junge Generation bewältigen muss, zu leisten hat.[39]

Die Frage: Was muss Bildung in Zukunft leisten?

Anthroposophie und Waldorfpädagogik sehen sich nicht im Gegensatz zu Ergebnissen der modernen Wissenschaften. Sie versuchen, Methoden des Forschens, Erkennens und Lehrens zu entwickeln, die der vielschichtigen «Vernetztheit» der Wirklichkeit entsprechen, und damit über das nur materiell Greifbare, Messbare, Wägbare hinauszugehen.

8. Warum können Waldorfschulen in allen Ländern und Kulturen arbeiten?

Das zwanzigste Jahrhundert hat durch die naturwissenschaftlich-technische Entwicklung und deren wirtschaftliche und politische Konsequenzen die Menschen auf der ganzen Erde zu einer einheitlichen Zivilisation zusammengeführt. Dieser Prozess der Globalisierung schiebt sich oftmals gewaltsam über die kulturelle, religiöse, ethnisch-nationale Vielfalt der Menschen. Neben der Tendenz zur Vereinheitlichung einer modernen Weltkultur verstärken sich auch trennende, ja sogar einander radikal bekämpfende Strömungen. «Fundamentalismus» religiöser, ideologischer oder nationaler Prägung verstärkt sich und führt auf der ganzen Welt zu Auseinandersetzungen, die offensichtlich mit den Mitteln der Politik nicht mehr zu lösen sind.

Die Ursache der Katastrophe des Ersten Weltkrieges lag in dem rücksichtslosen Imperialismus der großen europäischen Nationalstaaten. Er hat sich vom politischen auf den wirtschaftlichen Bereich verlagert, aber prinzipiell nicht verändert. In den Konflikten am Ende des zwanzigsten Jahrhunderts wirken nicht nur der Kampf gegen Fremdherrschaft und wirtschaftliche Ausbeutung, sondern auch

Globalisierung, Fundamentalismus, Selbstbestimmung

der Wille nach Bewahrung von eigener Identität in einem Prozess, der zu einer Uniformierung der Menschen in einem weltweiten technisch-wirtschaftlichen Apparat tendiert. In der Abwehr dieser Tendenzen suchen die Menschen einen Halt, eine «Heimat» für ihre persönliche Existenz in Gemeinschaftsformen, die ihnen in vergangenen Zeiten wie Hüllen für eine eigene Identität dienten: Stammes-, Volks- oder Religionsgemeinschaften.

Die moderne Menschheit löst sich aus solchen Gruppenbindungen mehr und mehr heraus. Der Wille zur Eigenbestimmung des Individuums will sich in unserer Zeit durchsetzen. Heute stehen wir vor dem Phänomen, dass auf der einen Seite die Menschheit global zusammenwächst, auf der anderen Seite in immer kleineren Gruppen bis hin zum einzelnen Menschen nach «Selbstbestimmung» strebt, also Kollektivismus gegen Individualismus steht.[40]

Steiner hat auf diese Tendenz schon vor dem Ersten Weltkrieg hingewiesen. Für ihn bedeutete die Entwicklung seit dem Beginn der Neuzeit die Befreiung des Menschen aus traditionellen kollektiven Bindungen jeglicher Art. Gegenüber der Bestimmung durch Geschlecht, Rasse, Nationalität oder Religion muss der Mensch lernen, sich selbst individuell zu bestimmen und in jedem anderen ein sich selbst bestimmendes Individuum anzuerkennen.

Steiner führt die Ideen der Aufklärung, der Französischen Revolution (Freiheit, Gleichheit, Brüderlichkeit) und des deutschen Idealismus, vor allem J. G. Fichtes, weiter. Freiheit muss herrschen im Bereich des individuellen geistigen Lebens der Menschen, also in allem, was das kulturelle Leben betrifft.

Steiners Vorschläge zur Gesellschaftsgestaltung

Gleichheit ist das Prinzip im Bereich von Recht und Gesetz; sie ist Grundlage für das Zusammenleben der Menschen in und zwischen den Gemeinschaften. Brüderlichkeit wird gefordert im Bereich der Güterversorgung der Menschen, also in dem, was wir Wirtschaft nennen. In seinen Vorschlägen zur Dreigliederung des sozialen Organismus regte Steiner an, die gesellschaftlichen Verhältnisse so zu ordnen, dass sie sich diesen Idealen entsprechend in richtiger Weise entfalten können.

Die Geschichte der beiden vergangenen Jahrhunderte zeigt die fatalen Folgen, wenn diese Prinzipien auf Bereiche übertragen werden, wo sie nicht hingehören. Freiheit im Wirtschaftsleben, wie ihn der Wirtschaftsliberalismus des 19. Jahrhunderts und erst recht der Turbokapitalismus unserer Tage fordert, führt zu Ausbeutung und Verarmung vieler Menschen, Gleichheit im geistigen Leben zu Gesinnungsdiktaturen, wie sie totalitäre Systeme praktizieren.[41]

Die Gründung der Waldorfschule war 1919 auch von diesen ge-

sellschaftlich-sozialen Gesichtspunkten bestimmt. Alle Kinder sollten unabhängig von Herkunft, Geschlecht, Religion usw. für die

notwendige Zeit der Entwicklung ihrer

Gesellschaftspolitische Aspekte der Schulgründung

Fähigkeiten das gleiche Recht auf Bildung
haben. Die Rechte und Pflichten aller in der
Schule wirkenden Personen sollen verbunden sein mit der Freiheit des geistigen Le-
bens, das die schöpferische, individuelle Initiative jedes Einzelnen
möglich macht. Die Solidarität derjenigen, die die Schule wollen,
führt zu einer wirtschaftlichen Beteiligung, die je nach Vermögen
ganz unterschiedlich sein kann.[42]

Diese Grundideen einer Schulgemeinschaft haben dazu geführt,
dass Waldorfschulen ganz individuelle soziale Gebilde wurden.
Jede Schule wird durch die Menschen, die als Eltern, Lehrer, Schüler, Freunde in ihr zusammenwirken, ihren eigenen Charakter ent-

wickeln. Die Grundintentionen der Erzie-

Jede Waldorfschule wird durch die einzelnen Menschen geprägt

hung können dieselben bleiben, gleichgül-
tig in welchem gesellschaftlichen, staatlichen oder kulturellen Umfeld eine Schule
lebt. Selbstverständlich muss jede sich in
die Bedingungen ihrer Umgebung und ihrer Zeit einfügen. Ihren
Charakter gewinnt sie aber nur aus den individuellen Fähigkeiten
der einzelnen Menschen, in der gemeinsamen Arbeit den sich
wandelnden Forderungen der Erziehungsaufgabe zu entsprechen.
Waldorfschulen sind also Schulungsorte nicht nur für Kinder und
Jugendliche, sondern auch für die Erwachsenen.

Diese Zielsetzung bedeutet in der Praxis, dass die Formen der
Zusammenarbeit – und zwar sowohl im unterrichtlichen wie im
sozialen Bereich – stets weiterentwickelt werden müssen. Waldorfschule ist kein fertiges Modell, sondern eine Aufgabe, die sich wie
der Mensch wandeln und mit dem Menschen wachsen muss.[43]

So ist die erste Waldorfschule in Stuttgart zwar in Württemberg, in
der Weimarer Republik, im deutschen Kulturraum entstanden, und
sie musste sich an diese Gegebenheiten anpassen. Steiner und Molt
hatten aber bei dieser Gründung im Bewusstsein, dass sie eine von

der Gegenwart geforderte Pädagogik begründeten, die nicht an nationale oder kulturelle Grenzen gebunden war, weil sie, aus der Anthroposophie erwachsend, auf allgemein menschlichen Prinzipien aufbaute.

Neugründungen von Waldorfschulen erfolgten nach 1919 zunächst nur wenige in Deutschland, bald jedoch in den Nachbarländern: 1923 in den Niederlanden (Den Haag), 1926 in der Schweiz (Basel) und in Norwegen (Oslo), 1928 in den USA (New York), 1931 in Schweden (Stockholm), 1934 in England (Ilkeston).[44] An diesen Schulen zeigte sich, dass Waldorfpädagogik unabhängig von den nationalen Unterschieden in Europa arbeiten kann. Vielfach galten die Waldorfschulen zwar ihrer Herkunft wegen als «deutsch» und wurden deshalb vor allem während des Zweiten Weltkriegs misstrauisch oder gar ablehnend behandelt. Nach 1950 begann dann aber die Ausbreitung über Europa hinaus, nach Südamerika, Südafrika, Australien, Neuseeland, in die USA und nach Kanada. In Südafrika waren Waldorfschulen die ersten Einrichtungen, die auch schwarze Kinder aufnahmen, die eine Ausbildung für Kindergärten und Schulen für Farbige anboten und in den Townships arbeiteten.

Waldorfschule: kein fertiges Modell

Seitdem wurde mehr und mehr auch die Aufgabe bearbeitet, die zentralen Ansätze der anthroposophischen Pädagogik mit den kulturellen und traditionellen Gegebenheiten ihres Umfeldes zu verbinden. Die Waldorfschulen sind heute eine multikulturelle Institution. Sie arbeiten nicht nur in den verschiedenen Kulturbereichen der Erde, sondern bieten auch als einzelne Schulen den Raum für das Zusammenleben und -arbeiten von Menschen verschiedenster Herkunft.

Die Waldorfschule als «multikulturelle Institution»

Das kann gelingen, weil
- der methodische Ansatz der Waldorfpädagogik, sich primär an den Entwicklungsschritten des Kindes zu orientieren, an sich «multikulturell» ist

- das Prinzip der Allgemeinbildung, das die Vielfalt der menschlichen Tätigkeiten durch künstlerisches, praktisches und intellektuelles Arbeiten anspricht, sich unabhängig von den soziokulturellen Bedingungen als fruchtbar erweist
- die Inhalte des Unterrichts nicht an Traditionen nationaler oder kulturspezifischer Art gebunden sind
- Schule als frei gestaltbare und Initiative fördernde Gemeinschaft erlebt wird.

So ist es heute möglich, dass Waldorfschulen in Israel wie in Ägypten, auf Hawaii wie in Japan und Indien arbeiten, vor allem aber, dass die Erziehenden untereinander zu einer Zusammenarbeit kommen, bei der die gemeinsame Grundlage und Aufgabe alle verbindet: ein globaler Impuls für die Erziehung der Kinder dieser Welt.

Waldorfschule ohne Anthroposophie – geht das?

Die Waldorfschulen sind seit den sechziger Jahren mehr und mehr in das öffentliche Bewusstsein getreten. Ihre Methoden und viele ihrer praktischen Einrichtungen wurden zum Modell für das allgemeine Schulwesen. In der Schweiz wird seit Jahrzehnten Waldorfpädagogik von Lehrern an staatlichen Grundschulen offiziell praktiziert.[45] Die Not im Erziehungswesen hat in manchen Ländern zu Versuchen geführt, das Modell der Waldorfschule oder auch Teile davon zu übernehmen, z.B. in Milwaukee, USA. Auch in manchen ehemaligen Ostblock-Ländern, wo sich nach der «Wende» Waldorfschulen erstaunlich schnell verbreiteten, oft trotz widrigster Umstände, werden sie als wichtiger Beitrag im Erziehungswesen beachtet und geschätzt.

Gegen alle Verbesserungen im Erziehungswesen, die den Kindern nützen, kann nichts eingewendet werden, aus welchem der reform-

Waldorfpädagogik an staatlichen Schulen

pädagogischen Ansätze sie auch stammen mögen. Steiner hat für alle Bildungseinrichtungen freie Konkurrenz gefordert, um eine zeitgemäße Entwicklung zu ermöglichen. So sollten Schulformen unterschiedlichster Art entstehen können. Wichtig sind dabei aber nicht die

Freie Konkurrenz im Erziehungswesen

äußeren Einrichtungen, sondern die inneren Voraussetzungen, die die Qualität der Pädagogik bewirken.

Die Besonderheit der Waldorfschule liegt in dem «Geist» der Schule, der aus bestimmten Bedingungen ihrer Arbeit erwächst, ohne die sie keine Waldorfschule wäre:

– Die Ausgestaltung und die Verantwortung der Pädagogik muss bei den Erziehenden liegen.
– Sie müssen dabei frei von anderen Bestimmungen politischer oder wirtschaftlicher Art sein.
– Die Schule verwaltet sich selbst in einer Kollegialverfassung.
– Alle Mitglieder des Kollegiums sind gleichberechtigt.
– Verwaltungsaufgaben werden delegiert.
– Studium und Forschung auf dem Gebiet der anthroposophischen Menschenkunde, der Pädagogik, Philosophie, Soziologie, Psychologie sind Aufgabe des Kollegiums wie des Einzelnen.

Dies ist die Grundlage für das, was Steiner 1919 als Grundsatz der Waldorfpädagogik so formulierte: «Was gelehrt und erzogen werden soll, das soll nur aus der Erkenntnis des werdenden Menschen und seiner individuellen Anlagen entnommen sein (...). Nicht gefragt soll werden: Was braucht der Mensch zu wissen und zu können für die

Welche Bedingungen sind für eine Waldorfschule notwendig?

soziale Ordnung, die besteht; sondern: Was ist im Menschen veranlagt und was kann in ihm entwickelt werden?»[46]

Anthroposophie ist ein Weg, Veranlagung und Entwicklungsmöglichkeiten der Heranwachsenden verstehen zu lernen und damit Waldorfpädagogik zu praktizieren.

9. Waldorfpädagogik im gesellschaftlichen Umfeld

Was heißt «Freie Schule»?

Die Bezeichnung «Freie Waldorfschule» bedarf der Erläuterung. Eine rechtsstaatliche Ordnung, in der die Freiheiten des Menschen garantiert sind, ist Voraussetzung dafür, dass Waldorfschulen überhaupt entstehen können. Für Steiner hatte die Bezeichnung «frei» für eine Schule eine weitergehende Bedeutung. Sie hängt mit dem schon angesprochenen Prinzip der Dreigliederung des sozialen Organismus zusammen, mit dem Steiner versuchte, die sozialen Verhältnisse so zu gestalten, dass die Folgen staatlicher, wirtschaftlicher oder geistiger Herrschaftsdominanz, die das 19. und 20. Jahrhundert prägten, vermieden werden können. Steiner forderte eine Trennung des wirtschaftlichen, rechtlichen und kulturellen Bereiches entsprechend ihrer Funktionen im sozialen Leben.[47] Dabei verlangte er für den geistig-kulturellen Bereich Freiheit von staatlicher oder wirtschaftlicher Bevormundung. Geistiges Leben kann sich fruchtbar nur dort entwickeln, wo die individuellen Ideen und Gestaltungen der Menschen sich entfalten können. In diesem Sinne verstand er die Gründung der Waldorfschule auch als ein gesellschaftspolitisches Modell, in dem Gestaltung und Verantwortung der Pädagogik allein bei denen liegt, die sie betreiben. Der Staat hat die berechtigte Aufgabe der Rechtssicherung. Wenn er Inhalte und Formen der Schule dirigiert, besteht die Gefahr, dass politische Steuerung je nach herrschender Tendenz die Erziehung manipuliert und damit nicht-pädagogische Kriterien angewendet werden. Beispiele dafür und für die Folgen gibt es allenthalben genug.

«Freiheit» für das Erziehungswesen sollte also genauso gelten wie

Die Waldorfschule – auch ein gesellschaftspolitisches Modell

für die Forschung, die Kunst, die Meinungsbildung und -äußerung, weil nur dadurch der Mensch sein Wesen als Individuum verwirklichen kann. Als Gemeinschaftswesen hat er sich gleichberechtigt in die allgemeinen Regeln des demokratischen Rechtsstaates einzuordnen. Produktion und Konsum der Güter dienen der Entfaltung des individuellen und gemeinschaftlichen Lebens und sollten nicht zu Ausbeutungs-

Selbstverantwortung im kulturellen Bereich

oder Herrschaftspriviligien missbraucht werden. Im kulturellen Leben aber sind Selbstbestimmung und Selbstverantwortung Voraussetzungen einer fruchtbaren Entwicklung. Hier sollte das Prinzip der freien Konkurrenz gelten, im Falle der Schulen und Hochschulen also auch das Recht der freien Schulwahl.

Waldorfschule als «Wahlschule». Wer kommt zur Waldorfschule?

Als nicht vom Staat betriebene Schule gilt die Waldorfschule als «private» Einrichtung. Ihre Rechtsstellung ist in den verschiedenen Ländern sehr unterschiedlich. Grundlage ihrer Existenz ist in jedem Fall das Recht der Eltern, für ihre Kinder eine Schule wählen zu können. Das ist in vielen Ländern der westlichen Welt Tradition, in Deutschland im § 7 des Grundgesetzes garantiert.

Freie Schulwahl

Private Schulen, besser: öffentliche Schulen in privater (oder freier) Trägerschaft, als Alternative zum staatlichen Schulwesen müssen sich ganz oder teilweise selber finanzieren, die Waldorfschule durch Beiträge der Eltern. Das führt zu dem Problem, dass eine schlechtere wirtschaftliche Lage des Elternhauses den Besuch einer Waldorfschule erschweren oder unmöglich machen kann. Das widerspricht jedoch dem Willen, allen Kindern die Möglichkeit des Schulbesuches zu bieten.

Die meisten Waldorfschulen lösen diese Aufgabe in der Solidargemeinschaft der Schule: Die Beiträge werden frei vereinbart, unter Berücksichtigung der Vermögensverhältnisse. Immer soll dabei gewährleistet bleiben, dass Kinder ohne Rücksicht auf die Einkommen der Eltern aufgenommen werden

Elternbeiträge können. Deshalb erfolgen die Gespräche über die Elternbeiträge auch stets nach der Aufnahme der Kinder. Eltern bezahlen also nicht für die Erziehung ihres Kindes, sondern finanzieren durch ihren Beitrag, der unterschiedliche Höhe haben kann, das gemeinsam gewollte Unternehmen. Dem Prinzip der Selbstverwaltung, Selbstbestimmung und Selbstverantwortung der Schule entspricht, die pädagogischen Entscheidungen von den finanziellen Beiträgen unabhängig zu erhalten.

Steiners Vorstellung war, dass von Wirtschaft und Industrie Schulen (und andere kulturelle Institutionen) durch Spenden finanziert werden: die sinnvollste Verwendung jedes «Mehrwerts», die sich denken lässt. Es gelang ihm in der Tat, für die erste Waldorfschule einen großen Kreis von Spendern in ganz Deutschland und sogar im Ausland zu finden, die ihren Beitrag leisteten, weil sie von der Erziehungsidee der Waldorfschule überzeugt waren. Das ist heute nur noch in geringem Maße möglich. Das Bewusstsein im gegenwärtigen Wirtschaftssystem von Shareholder-Value und Turbokapitalismus wird von anderen Kriterien geprägt.

In der Bundesrepublik Deutschland hat der Staat die finanzielle Unterstützung der freien Schulen gesetzlich garantiert. Dazu hatten auch die Erfahrungen aus der Zeit nationalsozialistischer Diktatur geführt, in der die Waldorfschulen verboten wurden. Die staatliche Finanzierung, die für die Waldorfschulen

Die Finanzierung immerhin bei etwa zwei Drittel der Betriebskosten liegt, garantiert zwar die pädagogische Unabhängigkeit, über das Monopol der Abschlussprüfungen wirkt der Staat aber doch beträchtlich, vor allem in den obersten Klassen, auf die Lehrpläne der freien Schulen ein. – In vielen Ländern gibt es auch heute noch keine staatlichen Zuschüsse für Schulen in freier Trägerschaft, sodass unter schwierigsten finanziellen Bedingungen gearbeitet wird und die Eltern hohe Beiträge leisten müssen.

Letztlich wird ein allgemeines freies Schulwesen sich aber nur entwickeln können, wenn die Gesellschaft es nicht über ein anonymes Steuersystem finanziert, sondern so, dass freie Gestaltungsräume bewusst unterstützt werden, z.B. über die neuerdings in Deutschland diskutierte Einführung des Bildungsgutscheins. Die Finanzierung der Bildung durch den Staat wäre durch diesen Gutschein am gerechtesten geregelt; er würde den Eltern die gesetzlich garantierte freie Wahl einer Schule für ihre Kinder ermöglichen. Dies könnte zu einem Ende der Benachteiligung freier Träger und zu einer fruchtbaren Konkurrenz zwischen Schulen und Hochschulen führen.

Der Bildungsgutschein

Die Waldorfschulen sind auch in dieser Hinsicht als ein Modell gedacht. Sie sind «Wahlschulen», die allen Interessenten offen stehen. Der finanzielle Beitrag, der notwendig ist, hält allerdings – neben dem geringeren Interesse an Erziehungsfragen – Eltern der Unterschicht, vor allem nicht-deutscher Herkunft, von der Wahl einer Waldorfschule ab. So sind die Mehrzahl der Elternhäuser der Mittel- und Oberschicht zuzurechnen – eigentlich ein Widerspruch zu dem Gründungsimpuls einer Schule für Arbeiterkinder.

Der anthroposophische Hintergrund der Schule hat demgegenüber eine geringere Bedeutung. Das belegt signifikant ein Forschungsbericht, der 1981 zu Bildungslebensläufen ehemaliger Waldorfschüler erschienen ist.[48] Danach stand ein Fünftel der Elternhäuser der Anthroposophie nahe; von den Ehemaligen bezeichneten sich 17 Prozent als anthroposophisch orientiert. Diese Zahlen werden sich durch die inzwischen erfolgte Ausweitung der Waldorfschulen um einiges verringert haben.[49] Neuere Veröffentlichungen zu den Lebensläufen von ehemaligen Waldorfschülern behandeln mehr die qualitative Wirkung der Waldorfpädagogik für Ausbildung und Biografie.[50]

Wie viele Eltern sind anthroposophisch orientiert?

10. Anthroposophische Pädagogik, was heißt das?

Der Begriff «Erziehungskunst» trifft die Intention der anthroposophischen Pädagogik am besten. Durch ihn wird deutlich, dass es um eine «Methodenschule», nicht um eine Programmschule geht. Der Vorgang, dass ein Erwachsener «bildend» ein Kind in seiner Entwicklung begleitet, auf es einwirkt, ist mit der Aufgabe des bildenden Künstlers vergleichbar. Da das Objekt der «Bildung» der Mensch selber ist, verlangt diese Aufgabe eine hohe Verantwortlichkeit, aber auch die Bedingungen und Fähigkeiten, die für künstlerisches Tun unabdingbar sind:

Eine Methodenschule, keine Programmschule

- Offenheit für das Eigenwesen des Kindes
- Achtung und Liebe für die Kinder
- Freiheit, nach der eigenen Einsicht handeln zu können
- Gestaltungskraft, seine Lehrinhalte sachgemäß, lebendig und immer neu darstellen zu können
- sich selbst als stets Weiterlernenden zu sehen
- mit den Fragen der gegenwärtigen Kultur zu leben.

Damit stellen sich für den Lehrerberuf und die Lehrerbildung ganz neue Aufgaben. Neben der fachlichen und methodisch-praktischen Ausbildung muss ein gründliches anthropologisches Studium sowie künstlerische Übung auf den verschiedenen Gebieten treten. Man sieht an diesen Anforderungen aber auch, dass es hier um Zielsetzungen geht, nicht um Einrichtungen. So bezieht sich der Begriff «Erziehungskunst» nicht nur auf den Gegenstand, sondern wie bei aller künstlerischen Tätigkeit auch auf die Weitergestaltung der eigenen Fähigkeiten.

Waldorfpädagogik als Erziehungskunst

Der Lehrerberuf für Waldorfschulen ist nicht nur an eine akademische Lehrerausbildung gebunden. Von Anfang an waren auch Menschen mit Lebenserfahrung in anderen Berufen, die sich später der Pädagogik zuwandten, als Waldorflehrer tätig. Umgekehrt sollten Lehrer auch in Freijahren Erfahrungen in anderen Bereichen der Arbeitswelt machen. Das entspricht der Forderung, mit allem, was Schule betrifft, in den Verhältnissen der Gegenwart eingebunden zu sein. «Aller Unterricht soll Lebenskunde sein», das heißt, die Unterrichtenden sollten die Bedingungen der gegenwärtigen Kultur und die Aufgaben, die sich aus ihnen ergeben, in die Erziehung einbeziehen.

Anforderungen an den Waldorflehrer

Steiner hat die Pädagogik der Waldorfschule in einen weitreichenden Zusammenhang gestellt. Für ihn bedeutet Erziehung eine der verantwortlichsten und anspruchsvollsten Aufgaben, der man sich unterziehen kann: Kindern auf ihrem Weg in diese Welt so zu helfen, dass sie als Erwachsene ihre Lebensaufgaben aus sich selbst heraus zu ergreifen und zu bewältigen vermögen. «Wir wollen arbeiten, indem wir einfließen lassen in unsere Arbeit dasjenige, was aus der geistigen Welt heraus auch auf seelisch-geistige Weise und auf leiblich-physische Weise in uns Mensch werden will.»[51]

Erziehung soll dabei zur Kunst werden. Der Erziehende soll Inhalte und Methoden so gestalten, dass Kinder und Jugendliche mit all ihren Seelenkräften so, wie sie ihnen in ihrer Altersstufe zur Verfügung stehen, in ihnen leben können. Für den Lehrenden bedeutet dies, selbst künstlerisch gestaltend mit den Lehrinhalten umzugehen und sich studierend und forschend mit der Entwicklung der jungen Menschen zu beschäftigen.

Diese Ziele, die für jedes «Fach» gelten, werden durch das Zusammenwirken der verschiedenen Lernbereiche erweitert. Der Kanon der Fächer umfasst praktische, handwerkliche, künstlerische und intellektuelle Tätigkeiten, die im Idealfall auch im Stundenplan so aufeinander folgen, dass sinnvolle, sich ergänzende Formen der Arbeit abwech-

Das Zusammenwirken der verschiedenen Lernbereiche

seln. Schule verbraucht so nicht die Kräfte der Kinder, sondern baut sie auf. Für die Lehrer bedeutet dies, um die Arbeit der Kollegen zu wissen, mit ihnen regelmäßig über die gemeinsam zu unterrichtenden Klassen zu sprechen (Klassenkonferenzen).

Immer wesentlicher wird in unserer Zeit der therapeutische Aspekt der Erziehung, weil die Lebensbedingungen vielfach kränkend auf die Kinder wirken. Neben dem allgemeinen Prinzip des heilsamen Rhythmus[52] müssen die gesundheitlichen Umstände für jedes Kind berücksichtigt werden. Dem Lehrer **Therapeutische Aspekte** hilft dabei der enge Kontakt zum Elternhaus, die Begleitung und Beobachtung der Kinder durch mehrere Jahre hindurch, vor allem aber der Schularzt, der als Kollege in einer Waldorfschule mitarbeitet, die Kinder im Unterricht beobachtet und die Lehrer berät. Daraus ergeben sich dann auch besondere Maßnahmen wie Heileurythmie, Sprechförderung, therapeutisches Malen, Gymnastik. Oft sind gesundheitliche Störungen die eigentliche Ursache für Lernschwierigkeiten, mit denen das Kind zu kämpfen hat.

Eine wesentliche Grundlage für die Waldorfpädagogik ist die möglichst enge Zusammenarbeit von Schule und Elternhaus, die durch Hausbesuche der Klassenlehrer und durch **Die Zusammenarbeit von** zahlreiche Elternabende geschaffen wird.[53] **Schule und Elternhaus** Über die zentrale Aufgabe der Erziehung der Heranwachsenden erweitert sich die Zusammenarbeit. Jede Waldorfschule ist ein freies Unternehmen, das von den Eltern und Lehrern auch rechtlich und wirtschaftlich getragen und verantwortet wird.[54] Diese «freie Trägerschaft» schafft die Voraussetzung für eine vom Staat oder anderen Interessengruppen unabhängige Pädagogik und entspricht damit der von Steiner mit seinem Entwurf eines dreigegliederten sozialen Organismus intendierten Freiheit im Bereich des Kulturlebens.

Schule ist damit auch ein Gestaltungsfeld für das Zusammenwirken von Menschen. Schon die Klassengemeinschaft ist ein Übungsfeld für das soziale Verständnis und Verhalten. Wenn Heranwachsende aller Schichten und Begabungen so miteinander lernen, dass

Fähigkeiten und Leistungen auf allen Gebieten gefördert und anerkannt werden, wächst anstelle von Konkurrenz und Egoismus Verständnis und Kooperation zwischen den Menschen. Der Verzicht
auf Auslese nach irgendwelchen Kriterien schafft in der Waldorfschule ein eigenes Arbeitsklima: Leistung
zeigt sich am Ergebnis der individuellen **Schule als soziales Übungsfeld**
Bemühung um eine Sache. Sie legt den He-
ranwachsenden nicht fest (durch Noten, Versetzungen etc.), sondern hält ihm jede weitere Entwicklung offen.[55] Abschlussprüfungen waren deshalb nicht vorgesehen, sondern wurden von Steiner
als Kompromiss in die Schule hereingenommen, weil sie vom Staat
verlangt werden.[56] Aber auch in der ganzen Schulgemeinschaft
wird die Wahrnehmung der anderen und die Zusammenarbeit ge-
übt, wenn die Schüler in Schulfesten ihre Arbeit der ganzen Schule
vorführen, Jahresfeste miteinander gestalten und damit auch in
den weiteren Umkreis der Schule hineinwirken.

Prägend für eine Waldorfschule ist die kollegiale Zusammenarbeit der Lehrenden. Die wöchentlichen Konferenzen zur Verwal-
tung und zum pädagogischen Studium streben eine Form gemein-
samer Arbeit an, die Steiner dem ersten Kollegium als Ziel setzte:
Jeder Einzelne gibt seinen individuellen Beitrag, er sucht die Ver-
bindung mit den Intentionen der anderen, er ist offen für das, was
aus den Zeitforderungen als Aufgabe gestellt wird.

So kann erreicht werden, was das Prinzip der Waldorfpädagogik
ist: jungen Menschen zur Entfaltung ihrer individuellen Anlagen
zu verhelfen und sie mit den Fähigkeiten auszustatten, durch die
sie ihre Intentionen in der Gestaltung der Zukunft verwirklichen
können. Aus all dem ergibt sich die viel-
leicht wesentlichste Charakteristik der Wal- **Waldorfpädagogik: in**
dorfschule und -pädagogik: Sie ist in all **Entwicklung begriffen**
ihren Ausbildungen «vorläufig», in Ent-
wicklung begriffen. Fertige Waldorfschulen
gibt es nicht, weil ihnen nicht ein inhaltliches Modell zugrunde
liegt. Jede Waldorfschulgemeinschaft ringt mehr oder weniger erfolgreich darum, eine Waldorfschule zu *werden*.

11. Ausblick: Wie steht es um die Zukunft der Waldorfschulen?

Die Ausbreitung der Waldorfschulen in den letzten beiden Jahrzehnten über die ganze Welt hin beweist ihren äußeren Erfolg. Sie sind dadurch mehr und mehr ins öffentliche Bewusstsein gerückt und wecken damit auch Kritik und Anfeindung. Der häufigste Einwand besteht darin, dass sich die Waldorfpädagogik seit 1919 nicht weiterentwickelt habe, zu sehr an den Steinerschen Vorgaben festhalte und nicht mehr zeitgemäß sei.

Hält die Waldorfschule zu sehr an Steiners Vorgaben fest?

Bemerkenswert an den Waldorfschulen ist, dass sie in den hoch industrialisierten Ländern wie in den Entwicklungsländern gleichermaßen erfolgreich sind. Das liegt daran, dass die in den vorigen Kapiteln charakterisierte Methodik der Waldorfpädagogik unabhängig von den Inhalten auf die Bedürfnisse der Kinder und Jugendlichen eingehen kann.

Nach den zahlreichen, zumeist von politischen oder wirtschaftlichen Trends bestimmten Reformen des Schulwesens seit 1945 in Deutschland, die die staatlichen Schulen zu dauernden Reaktionen und Umstellungen ihrer Arbeit zwangen, verstummten die Klagen der Hochschulen und der Wirtschaft über mangelhafte Bildung dennoch nicht. Die auf der menschenkundlichen Methodik beruhende Pädagogik der Waldorfschulen gewann durch ihre konstante Grundlage das Vertrauen von immer mehr Eltern. Der Ansatz, aus den im Kind und im Jugendlichen liegenden Entwicklungsschritten heraus den Unterricht zu gestalten, unterliegt eben keinen inhaltlichen oder modischen Kriterien.

Orientierung an den Entwicklungsgesetzen des Kindes

Was sich verändert, und zwar in zunehmendem Tempo, sind die

Lebensbedingungen und Anforderungen unserer Umwelt. Sie müssen selbstverständlich pädagogisch berücksichtigt werden, und die Waldorfschulen haben dies in vielfacher, auch unterschiedlicher Weise getan. Sie sind von ihrem Ansatz her aber nicht jeder «Neuerung» gefolgt, wie z.B. der Einführung der Mengenlehre als Rechenmethodik der Unterstufe, die sich bald auch als höchst problematisch erwies, obwohl sie von Wissenschaftlern als der Weg zu modernem Denken propagiert worden war. Ähnlich verläuft gegenwärtig, und das fast weltweit, die forcierte Schulung am Computer schon von den ersten Klassen an. Der augenblickliche Bedarf an Fachleuten für Informatik bewirkt, dass die hoch spezialisierte Arbeitsform am

Bildung in einer Informationsgesellschaft

Rechner an die Stelle allgemeinbildenden Unterrichts tritt, obwohl z.B. absehbar ist, dass die Computertechnologie unserer Tage völlig veraltet sein wird, wenn die Schüler einmal ins Studium oder in den Beruf gehen. Gerade die Informationsgesellschaft fordert im Grunde eine Bildung, die den jungen Menschen vielseitig und beweglich in seinen Fähigkeiten stärkt, damit er sich als selbstständiger Mensch in der zukünftigen Informationsgesellschaft behaupten kann, nicht nur für die jeweiligen Bedürfnisse von Wirtschaft oder Staat funktionalisierbar wird. Basisunterricht in Informatik gibt es an Waldorfschulen länger als an den meisten anderen Schulen. Er vermittelt die Grundlagen, die das Phänomen des Rechners durchschaubar machen. Die Spezialisierung sehen sie nicht als ihre Aufgabe an.

Die Aktualität und gewiss auch der Erfolg der Waldorfschule werden nicht davon abhängen, dass Waldorfpädagogik den jeweiligen Tagesbedürfnissen folgt, sondern davon, ob sie ihr ursprüngliches Anliegen, ihre Erziehung am Wesen des Heranwachsenden zu orientieren, in den sich wandelnden Zeitverhältnissen verwirklichen

Was macht Waldorfpädagogik aktuell?

kann. Das aber heißt auch, die Anregungen der Anthroposophie lebendig weiterzuentwickeln.

Die Fähigkeit der Waldorflehrerinnen und -lehrer, mit den Anregungen Steiners individuell und aktuell ihren Unterricht gestalten zu können, wird die Qualität einer Waldorfschule bestimmen. Vieles, was heute kritisiert wird, ist nicht deshalb problematisch, weil es den Ideen Steiners folgt, sondern weil es nicht gelingt, diese wirklich zu realisieren. Hier geht es also nicht um eine Reform der Waldorfschule, sondern um ihre Weiterentwicklung, die von Beginn an in ihren Intentionen veranlagt ist.[57]

12. Anhang:
Glossar zur pädagogischen Praxis

Die Waldorfschule wurde gegründet als «Einheitliche Volks- und Höhere Schule». Sie postuliert damit ein Schulrecht für alle Heranwachsenden bis zum achtzehnten Lebensjahr. In dieser Zeit von zwölf Schuljahren will sie eine breite Allgemeinbildung vermitteln, die jedem Menschen, unabhängig von seiner Herkunft oder seiner Begabung zusteht. Sie steht als ein freies Angebot allen Kindern offen, deren Eltern sie wählen. Schule sollte ein umfassendes soziales Feld sein, auf dem Verständnis für andere und Zusammenwirken mit ihnen erübt werden kann.

Waldorfschule sieht ihre Aufgabe darin, jedes einzelne Kind nach allen Möglichkeiten zu fördern. Deshalb werden die Klassen in ihrer Altersgruppierung zusammengehalten. Rückstufungen, das so genannte Sitzenbleiben, gibt es nicht, weil die altersbedingten Entwicklungsschritte von jedem Heranwachsenden durchlaufen werden, auch wenn bestimmte Fertigkeiten nicht erlangt wurden. Wichtiger ist es, die für die jeweilige Altersstufe gemäßen Inhalte und Methoden zu finden, um die Entwicklung so zu fördern, wie es den Bedürfnissen der Kinder entspricht.

Elemente der Waldorfschule: Beschreibung und Begründung

Im Folgenden sollen einige spezifische Einrichtungen und Handhabungen der Waldorfschule in der Form eines knappen Glossars aufgeführt werden. Die kurze Beschreibung des Faktischen soll durch eine Begründung ergänzt werden, die sich aus den vorausgehenden Darstellungen ergeben, und sie in Einzelheiten näher ausführen.

Epochenunterricht

Alle Klassen arbeiten täglich in den ersten beiden Unterrichtsstunden, im so genannten «Hauptunterricht», über drei bis vier Wochen in einem «Fach». Es sind vor allem die kulturkundlichen (z.B. Deutsch, Geschichte, Kunstbetrachtung) und naturkundlichen (Mathematik, Physik, Chemie, Biologie, Geografie etc.) Bereiche, die in diesen «Epochen» unterrichtet werden.

Der Epochenunterricht ermöglicht konzentriertes, «ökonomisches», vertiefendes Arbeiten. Er bildet Schwerpunkte im Gang des Schuljahres, vermindert die Zersplitterung der «Fächer», die der Schüler lernt. Das Verweilen bei einem Lernbereich erlaubt und fordert eine intensivere Beschäftigung mit den Inhalten, bei der das eigene Tun der Schüler, ihr Miterleben, ihr Interesse Raum zur Entfaltung hat. Dadurch bietet sich die Möglichkeit, Erinnern, Darstellen, Verstehen zu üben. So ergeben sich gegliederte Arbeitsphasen, in denen ein Lernbereich erfahren, an ihm bestimmte Fähigkeiten entwickelt werden können.

Epochenhefte

Unterricht wird an der Waldorfschule nicht auf der Grundlage von Lehrbüchern erteilt. Schulbücher gibt es nur als Primärlektüre. Erst in der oberen Mittelstufe beginnt auch die Einbeziehung von Sekundärliteratur, vor allem als individuelle Lektüre der Schüler. Die Unterrichtsinhalte werden von den Schülern in ihren Epochenheften dargestellt. Sie verfassen also alle ihr eigenes «Lehrbuch».

Das Epochenheft bietet den Schülern die Möglichkeit, den behandelten Stoff in eigener Darstellung, Illustration, Zusammenfassung tätig zu verarbeiten. Es ist das selbst gefertigte «Schulbuch», in dem die Arbeitsinhalte und -ergebnisse zusammengefasst sind.

Der Waldorfkindergarten

An den meisten Waldorfschulen gibt es auch einen Kindergarten. Viele Waldorfkindergärten bestehen aber auch selbstständig außerhalb der Schulen. Er war ursprünglich für Kinder zwischen dem vierten und siebten Lebensjahr gedacht. Es gibt Halbtags- und Ganztages-Kindergärten, mehr und mehr auch so genannte Krabbelgruppen für Kleinkinder.

Wir haben die Bedeutung der frühen Kindheit für die Ausbildung der unbedingten Offenheit des Kindes für alles, was um es herum geschieht, bereits erwähnt (s. S. 29 ff.). In den ersten drei Jahren wirken alle Eindrücke ohne den Filter eigener seelischer Aktivität in den Leib hinein. Aber auch die seelischen Tätigkeiten des Kindes, sein Tun, seine Empfindungen, seine Sprache, sein Vorstellen reagieren unmittelbar auf das äußere Geschehen, sie äußern sich in der Nachahmung. Sie ist die große «Lern»-Kraft des Kindes, die aus der Hingabe an die Welt erwächst.[58]

Für die Erziehenden ergibt sich daraus eine hohe Verantwortung, weil sich in dieser Phase Grundprägungen für die ganze Biografie vollziehen. Die Gestaltung der Umgebung und vor allem das Verhalten der Erwachsenen erfordern ein hohes Maß an Bewusstsein, weil durch sie Grundgesten des späteren Lebens bei den Kindern bestimmt werden.

Die dem Kind wesensgemäße Äußerung ist das Spiel. Im Spiel entfalten sich alle seine Anlagen: Bewegung, Sprache, Fantasie, Wahrnehmung, Empfindung leben frei, ohne Einengung durch Zwecke oder Ergebnisse, in der ganzen Vielfalt ihrer Möglichkeiten. Vorbild und vielseitige Anregung zum Spiel sind die erzieherischen Mittel, die es dem Kind erlauben, sich so in die Welt einzuleben, dass es später über ein differenziertes und reiches inneres Erleben verfügt.[59]

Die Jahrgangsklasse

In der Waldorfschule werden die Schüler in ihrer Altersklasse durch die zwölf Schuljahre geführt. Wiederholen oder Überspringen einer Klasse gibt es nur in Ausnahmefällen, wenn dies durch besondere Verhältnisse bei einem Kind geraten erscheint.

Bei allen Unterschieden individueller Begabungen oder Schwächen bestimmen doch die grundsätzlichen Entwicklungsschritte in Kindheit und Jugend die Fälligkeiten im Reifungsprozess. Wird das Individuelle der Kinder im Ganzen der Altersgruppe berücksichtigt, wirkt dies ausgleichend über die Zeit hin. Hemmnisse in der Entwicklung haben oft gesundheitliche Ursachen oder kommen aus den sozialen Verhältnissen. Hier hat jedes Kind Anspruch darauf, dass man ihm Zeit lässt, auch wenn bestimmte Leistungen nachlassen oder noch nicht erbracht werden können.

Für die Gemeinschaft der Schüler bedeutet das gemeinsame Fortschreiten auch eine wichtige soziale Erfahrung. Jeder lernt die unterschiedlichen Fähigkeiten des anderen schätzen und respektieren, kann helfen und Hilfe bekommen. Vor allem aber werden Bewertungen des Einzelnen nach irgendwelchen Auslesekriterien nicht eintreten. Zwei Faktoren, so soll Steiner den Lehrern 1919 gesagt haben, sollten in der Erziehung nicht wirksam werden: Angst und Ehrgeiz. Vertrauen auf sich und den anderen und Liebe zur Sache sollen als Arbeitsmotivation an deren Stelle treten.

Die Klassenstufen

Als zwölfklassige Einheits- oder Gesamtschule ist die Waldorfschule gegliedert in die Klassenlehrerzeit und die Oberstufe. Die Führung einer Klasse durch einen Klassenlehrer war urprünglich für die ersten acht Schuljahre eingerichtet. Heute gibt es verschiedene Formen des Übergangs in die Oberstufe, in der ein Lehrerteam den Hauptunter-

richt erteilt: Die Klassenlehrerzeit endet nach der 6. oder 7. Klasse
und wird, eventuell mit der 9. Klasse, durch eine differenzierte Über-
gangsphase in die Oberstufe geführt. Die Klassen 9 bis 12 werden
dann von einem Team von Fachlehrern geführt. Das 13. Schuljahr
dient der Vorbereitung der staatlichen Abschlüsse, sofern sie nicht
schon innerhalb der vorigen Klassen abgelegt werden.

Das zweite Jahrsiebt

Nach dem sechsten, siebten Lebensjahr ist die Ausbildung der leiblichen Organe vor allem im Nerven-Sinnes-Bereich weitgehend
abgeschlossen. Die organische Entwicklung äußert sich vor allem
im Wachstum der Gliedmaßen. Das «Sinnes»-Erleben des kleinen
Kindes wandelt sich zum «Sinn»-Erleben. Dem Schulkind stehen
die vorher an die leibliche Organisation gebundenen Kräfte nun so
zur Verfügung, dass es sie zur Gestaltung eines Weltbildes einzusetzen vermag. Es kann sich von den Dingen und Vorgängen der
Außenwelt und des eigenen Inneren distanzieren, erfährt sich
selbst als tätig. Es sucht in diesem Erleben den Einklang zwischen
dem eigenen Wesen und der Welt: Es will lernen. Für die Erziehenden stellt sich hier die Aufgabe, wegweisender Mittler zwischen
dem Kind und der Welt zu sein. Dabei geht es vor allem darum, die
Tätigkeit der Schüler lebendig zu machen, sie gestaltend in den
Umgang mit den verschiedensten Aufgaben einzubeziehen. Das
erfordert künstlerische Gestaltung des Unterrichts. Rhythmus im
Üben, Bildhaftigkeit in aller Darstellung, Anregung von Empfindung und Fantasie, bevor die Inhalte auf ihre Begriffe reduziert
werden, können in diesem Alter die Grundlage dafür bilden, dass
sich das Kind wirklich auf eine Sache einlassen kann, wahres «Interesse» entwickelt. Tun – Durchleben – Erinnern – Verstehen sind die
Schritte, in denen sich das Kind im zweiten Jahrsiebt so in die
objektive Welt einzuleben vermag, dass diese nicht als etwas nur
Fremdes, Äußeres erfahren werden kann, sondern als etwas, das

den Menschen «angeht». Das ist besonders wichtig, da die neue Möglichkeit der Distanzierung in der Mitte dieser Phase auch zum stärkeren Erleben des eigenen Seins führt. Das Kind grenzt sich von den Eltern und anderen ab, sucht seinen eigenen Raum. Zugleich wird es durch das Knochenwachstum der Gliedmaßen immer mehr in die Schwere gezwungen. Es erlebt die «Last» und damit die Herausforderung, sie zu überwinden. Diese neuen seelischen Erfahrungen führen auch in die Krisen der ausgehenden Kindheit: Einsamkeit und Lähmung können den jungen Menschen überfallen.

Gerade in dieser Phase braucht der junge Mensch die führende Hilfe des Erwachsenen, verlangt ihm aber auch einiges ab. Humor, innere Ruhe und Distanz, Interesse an der Welt, Verständnis für die Flegeleien und «Ausrutscher» helfen ihm mehr als alle Regeln und Forderungen.

Menschenkundlich gesehen ist die Krisenzeit im Übergang von der Kindheit zur Jugend die Befähigung der Seelenkräfte zur Selbstständigkeit, und die Frage in jeder Jugendbiografie ist, wie weit diese Kräfte sich ungezügelt ausleben in Aggression, Schwärmerei, Genusssucht und allem, was sonst in ihnen liegen kann, oder wie weit es gelingt, diese Kräfte aus der eigenen Wesensmitte, aus dem «Ich» heraus zu beherrschen.[60]

Der Klassenlehrer

Zu den Besonderheiten der Waldorfschule gehört die Führung einer Klasse vom ersten bis zum achten Schuljahr (oft auch nur bis zur 7. Klasse) in den Epochen des Hauptunterrichts durch eine Lehrkraft. Sie begleitet also die Kinder in der Regel durch das ganze zweite Jahrsiebt hindurch mit allen natur- und kulturkundlichen Fächern.[61]

«In jedem Lebensalter muss darauf gesehen werden, dass man nicht nur für dieses Lebensalter erzieht, sondern für das ganze irdische Menschenleben, ja noch darüber hinaus.»[62] Die Aufgabe, Unterricht

im Hinblick auf die leibliche, seelische und geistige Entwicklung der
Kinder zu gestalten, verlangt vom Lehrer, dass er sich stark mit den
Kindern verbindet. Er muss Bewegung, Haltung, Wachstum beobachten, Hemmnisse und Fortschritte in den Aktionen und Reaktionen des Kindes, um mit der Methodik seines Unterrichtens auf das
eingehen zu können, was die Kinder jeweils fordern. Inhalte vermitteln kann man in kurzen Zeiten; erziehen kann nur, wer die Entwicklung über längere Zeit verfolgen und sich mit ihr verbinden kann. So
sind für den Klassenlehrer die Zusammenarbeit mit den Eltern, mit
den anderen Kollegen in seiner Klasse, mit dem Schularzt die sein
Unterrichten bestimmende Voraussetzung.

Schwierigkeiten, die auftreten können, wenn über Jahre hinweg
ein Lehrer mit seinen Kindern verbunden bleibt, können aufgewo-
gen werden, wenn der Lehrende seine Aufgabe vor allem als stets
von den Kindern Lernender auffasst. Steiner wies darauf hin, dass
jeder Erwachsene, der erzieht, immer im Bewusstsein haben sollte,
dass Kinder gleichermaßen «volle» Menschen sind, vielfach mit
größeren Möglichkeiten, als sie der «zufällig» Ältere besitzt.
Dadurch entsteht ein Verhältnis zwischen dem erziehenden älteren
und den lernenden jungen Menschen, in dem auch Krisen fruchtbar
überwunden werden können.

Fachlehrer

Auch in den Fächern, die in Einzel- oder Doppelstunden nach dem
Hauptunterricht erteilt werden, z.B. die Fremdsprachen, die prak-
tisch-künstlerischen Fächer, wird so weit wie möglich das Prinzip
kontinuierlicher Führung einer Klasse durchgeführt. Ein Fachlehrer
kann, wenn es die Umstände erlauben, eine Klasse vom ersten Schuljahr an bis zum Abschluss des zwölften Schuljahres unterrichten.

Was für den Klassenlehrer im Besonderen beschrieben wurde, gilt
auch für die Fachlehrer: die Priorität kontinuierlicher Arbeit mit

einer Gruppe von Kindern und damit die Möglichkeit, durch die Beobachtung der allgemeinen und individuellen Entwicklung nicht nur fachlich, sondern auch erzieherisch helfen zu können.

Das dritte Jahrsiebt

Die Oberstufe, das neunte bis zwölfte Schuljahr, steht ganz unter dem Prinzip, die subjektiven Kräfte des Jugendlichen in ein Verhältnis zur objektiven Welt zu bringen, sodass er erkennend, urteilend und handelnd mit seinen Fähigkeiten in ihr tätig werden kann. «Fähigkeiten» bedeuten aber für den Menschen nicht nur Wissen, sondern umfassende Kompetenz in allen Bereichen des menschlichen Daseins, vom richtigen Handgriff bis zum ästhetischen Urteil, von Initiativkraft bis zum sozialen Verhalten, von der Beweglichkeit des Denkens bis zur Beherrschung der Gliedmaßen. Dafür sind nicht inhaltliche Normen von Bedeutung, sondern vor allem die Kraft zu individuellem Zugriff. Sie ist die Voraussetzung für Mündigkeit, Selbstständigkeit, für menschliche Freiheit.

So ist die Oberstufe auf Breite der Bildung angelegt, umfasst praktische, künstlerische und wissenschaftliche Tätigkeiten gleichermaßen. Sie soll an der Waldorfschule für den Jugendlichen das Fundament sein, auf dem die weitere Berufs- und Lebensausbildung aufgebaut werden kann, kein «Abschluss» also, sondern ein Anfang.

Für die Hauptunterrichtsepochen der Klassen 9 bis 12 tritt ein Team von Fachleuten – möglichst auch kontinuierlich – an die Stelle des Klassenlehrers, dessen Funktion ein Klassenbetreuer oder Tutor übernimmt. Der Oberstufenlehrer wird immer mehr zum Partner, der durch seine individuelle Sachkompetenz den lernenden Jugendlichen anregt, Interesse weckt, sachgemäßes Vorgehen beherrscht, Zusammenhänge aufzeigt, der vor allem wach in der Gegenwart lebt. «Zeitgenosse» zu sein ist die wichtigste Forderung, die Steiner vom Lehrenden verlangte.

Zeugnisse und Leistungsbewertung

Da es um auslesende Bewertung in der Waldorfschule nicht geht, haben auch die Zeugnisse eine andere Funktion. Alle Schüler erhalten ein Jahreszeugnis. In ihnen wird von allen Unterrichtenden in einem Text charakterisiert, was der Schüler erreicht hat, können Zielsetzungen formuliert und auch Schwächen benannt werden. «Noten» gibt es nicht.

Das Zeugnis soll Spiegel sein, zur Besinnung veranlassen, vor allem in die Zukunft weisen. Kenntnisstand und Können werden selbstverständlich bezeichnet, aber im Verhältnis zu dem gesehen, was ein Schüler mit seinen Voraussetzungen an «Leistung» erreicht hat. Es geht also mehr um das erfolgreiche Bemühen des Schülers um eine Sache als um bestimmte normierte Ergebnisse.

Schaut man als Erziehender auf die gesamte Biografie, dann wird man durch sein Urteil nichts in der Zukunft ausschließen wollen. Daher lehnen die Waldorfschulen Abschlüsse mit Berechtigungscharakter ab. Schule soll die Wege in die Erwachsenenwelt vorbereiten und öffnen. Sie kann es deshalb nicht als ihre Aufgabe ansehen, den Zugang zu irgendwelchen Berufen auszuschließen.[63]

Der Lehrplan

Eine Schule braucht einen Lehrplan. Die erste Formulierung durch Caroline von Heydebrand 1924 umfasst nur wenige Seiten mit sehr allgemeinen Angaben. Die Unterrichtsinhalte der einzelnen Fächer sind im Aufbau der Schule entwickelt worden, werden noch immer weiterentwickelt. Sie orientieren sich an der jeweiligen Altersstufe. Exemplarisch im Einzelnen, soll der Gesamtlehrplan zur Begegnung mit allen wichtigen Erscheinungen der Welt im Laufe der zwölf Schuljahre führen. In der Ausgestaltung unterscheidet sich der Lehrplan nicht nur selbstverständlicherweise in den verschiedenen Län-

Lehrplanüberblick über die Epochen des Hauptunterrichts

1. bis 3. Klasse	4. bis 6. Klasse	7. bis 8. Klasse	9. Klasse
Motto: Wecken der Sinne für den Weg in die Welt	**Motto: Vom Erleben zum Verstehen der Welt**	**Motto: Arbeiten mit den Gesetzen der Welt**	**Motto: Weltblick**
Sachkunde: Der Umraum Die menschlichen Tätigkeiten	Naturkunde: Heimatkunde Pflanzen-, Tierkunde (der nahe Umkreis) Himmelskunde (der weite Umkreis) Physik (die Grundkräfte)	Naturkunde: Geografie (Europa und die Welt) Völkerkunde, Menschenkunde Gesundheits- und Ernährungslehre Physik, Chemie	Naturwissenschaft: Geografie, Geologie Biologie: Sinnes- und Stoffwechselsystem, Chemie der Naturprozesse Physik: technische Anwendungen
Rechnen: Zahlen und ihre Beziehung zur Welt Grundrechenarten	Rechnen: Brüche und Prozente	Wirtschaftskunde Rechnen: Algebra, geometrische Lehrsätze	Mathematik: Kombinatorik, lineare Gleichungssysteme, quadratische Gleichungen, Irrationale Zahlen, Kurvenkonstruktion
Formenzeichnen: Form und Bewegung	Formenzeichnen: Vom Ornament zur Geometrie	Zeichnen: Perspektive, Schattenlehre, Sachzeichnen	Darstellende Geometrie
Muttersprache: Laut, Bild, Buchstabe Schreiben, Lesen Märchen, Fabeln, Altes Testament	Deutsch: Selbstständiges Schreiben Grammatik Sagen, Geschichten	Deutsch: Sachdarstellung Grammatik und Stil Novellen, Dramen, Balladen, Biografien, Klassenspiel	Deutsch: Klassik bis Moderne Humor und Tragik
	Geschichte: Alte Kulturen bis Rom	Geschichte: Mittelalter und Neuzeit Jahresarbeit	Geschichte: Neuzeit (Impulse, Ideen, Wirkungen) bis zur Gegenwart
			Kunstunterricht: Bildende Kunst bis zur Renaissance

10. Klasse	11. Klasse	12. Klasse	Vorbereitungsklassen
Motto: Rückblick	**Motto: Einblick**	**Motto: Überblick**	**Motto: Durchblick**

Naturwissenschaft:
Wetter- und Klimakunde,
Kartografie
Biologie: Knochensystem,
Morphologie
Anorganische Chemie
Physik: Mechanik

Naturwissenschaft:
Astronomie
Biologie: Zellenlehre,
Genetik
Chemie: Elementenlehre
Physik: Elektrizität,
Strahlenphysik
Informatik

Naturwissenschaft:
Wirtschaftsgeografie
Biologie: Biochemie,
Systematische Botanik,
Tierkunde, Anthropologie
Physik: Optik, theoretische
Physik

Die Prüfungen nach
den staatlichen
Prüfungsvorgaben
Fachhochschulreife
Hochschulreife (Abitur)

Mathematik:
ebene Trigonometrie,
Stereometrie
arithmet. Folgen und Reihen
Logarithmen

Mathematik:
Analytische, sphärische,
projektive Geometrie
unendliche Folgen
und Reihen

Mathematik:
Analysis, Differential-,
Integralrechnung,
Vektorrechnung

Darstellende Geometrie:
Zentralperspektive

Deutsch:
Goethes «Faust»
Überblick über die
Literaturgeschichte

Deutsch:
Stilistik
Entwicklungsroman bis zur
Gegenwart

Deutsch:
Sprachgeschichte
Alte Dichtung in Bezug zur
Moderne

Abschlussspiel

Geschichte:
Alte Kulturen bis zur Antike

Geschichte:
Wurzeln und Werden der
abendländischen Kultur

Geschichte:
Die Gegenwart
Universalgeschichte

Kunstunterricht:
Poetik

Kunstunterricht:
Allgemeine Ästhetik
Musik

Kunstunterricht:
Architektur

dern und Kulturen, sondern sogar innerhalb eines Landes.[64] Diese
Tatsache hat ihren Grund darin, dass Waldorfschule und Waldorfpädagogik sich nicht primär durch die Unterrichtsinhalte definieren
lassen, sondern durch ihre Lehr- und Lernmethoden.

«Was gelehrt und erzogen werden soll, das soll nur aus der Erkenntnis des werdenden Menschen und seiner individuellen Anlagen
entnommen sein.»[65] Dieser Grundsatz Steiners bedeutet für die
Praxis, Inhalte zu finden, die dem Entwicklungsstand des jeweiligen Alters entsprechen (und das müssen nicht immer dieselben
sein), aber auch zu berücksichtigen, dass die individuellen Voraussetzungen sich wandeln können.

Für den Lehrenden heißt dies, in seine Unterrichtsgestaltung mit
einzubeziehen, was den «werdenden Menschen» als Ganzen betrifft. Das sind neben den oben beschriebenen Aspekten zur leiblichen und seelisch-geistigen Entwicklung z.B. auch Wachstum, Atmung, Durchblutung, Bewegung der Kinder, Ermüdung und Fri-
sche, Gewohnheit und Überraschung. Es sind die verschiedenen
Formen der Aktivität von Kopf, Hand und Herz, wie es heute zum
Schlagwort geworden ist. Es ist der Wechsel zwischen Aktivität und
Ruhe, zwischen Erinnerung und Fantasie, zwischen Humor und
Trauer. Es wird zu achten sein auf das, was die Kinder von außerhalb der Schule mitbringen, aus ihrem Umkreis, aber auch aus
ihrem Schlaf, aus ihrem Vergessen: beides für die Entwicklung des
Menschen konstituierende Prozesse.

Aus dem Studium des werdenden Menschen und der Beobachtung der konkreten Situationen will der Waldorflehrer sein Unterrichten methodisch gestalten. Die Inhalte sucht er danach, wie ihm
die heilsamste Förderung seiner Kinder möglich erscheint. Der
Lehrplan der Waldorfschule ist also grundsätzlich offen, auch wenn
sich im Laufe der Jahrzehnte ein «Kanon» von Fächern und Inhalten herausgebildet hat, der sich methodisch als fruchtbar erwiesen
hat (siehe den Überblick auf S. 74 f.).

Stundenplan

Stets werden an der Waldorfschule alle Schüler in den ersten beiden Zeitstunden im Hauptunterricht (Epochenunterricht) unterrichtet. Danach folgen im Stundenwechsel Fremdsprachen, Musik,
Religion, Eurythmie, Turnen, Übstunden und, meist doppelstündig,
die handwerklichen und bildnerischen Fächer sowie Chor, Orchester, Technologie und so weiter.

Wenn sich Erziehung an den Erfordernissen des jungen Menschen
orientieren will, muss sie auch die Organisation der Tätigkeiten so
gestalten, dass ein gesunder Wechsel und Rhythmus eintritt, einseitige Beanspruchung bestimmter Kräfte vermieden wird. So wird auf
die Abfolge der Tätigkeiten, die Tageszeit, die Verteilung über die
Woche geachtet, soweit dies organisatorisch am besten geht.

Fremdsprachen

Von der 1. Klasse an lernen Schüler an der Waldorfschule zwei Fremdsprachen. Meist sind dies Englisch und Französisch oder Russisch.
Latein tritt an manchen Waldorfschulen in der Mittelstufe hinzu.[66]

Die Sprache gehört zu den wesentlichsten Fähigkeiten des Menschen. Sie ist die geistige Brücke zur Welt und zu den Mitmenschen,
sie konfiguriert das eigene geistige Sein. Der Mensch wächst in eine
«Muttersprache» hinein. Durch sie werden seine Vorstellungen, seine Denkstrukturen, sein Empfinden und sein «Weltbild» in starkem
Maße geprägt. In den Sprachen zeigt sich etwas Überpersönliches,
in das der Mensch durch sein Schicksal als Angehöriger einer
Kultur, eines Volkes hineingeboren wird. Sie begrenzt ihn damit
aber auch in ihrer Besonderheit. Die unterschiedlichen Sprachen
auf der Erde spiegeln die Vielfalt menschlicher Erfahrungs- und
Ausdrucksmöglichkeiten.

Neben dem rein praktischen Ziel, sich mit Menschen anderer Länder verständigen zu können, hat das Erlernen einer fremden Sprache pädagogisch noch eine viel weiter reichende Bedeutung. Das Erüben eines anderen Sprachklanges differenziert die Sprachorgane in starker Weise, befreit aus der Bindung an eine «Mundart». Die Idiome der anderen Sprache lassen erleben, wie Welt unterschiedlich erlebt und ergriffen wird. Andere grammatische Strukturen zeigen die Begrenztheit der einen Ausdrucksform in der Muttersprache. Damit werden Empfindungsqualitäten und Denkbewegungen erfahren, die den jungen Menschen freimachen von der nur vorgefundenen Form der eigenen Sprache, ihn diese aber auch neu und tiefer verstehen lassen.

Der handwerkliche Unterricht

«Hand»-werk in der Waldorfschule bedeutet in den ersten Jahren vor allem Schulung der Feinmotorik, z.B. beim Häkeln oder Stricken im Handarbeitsunterricht. Das differenziert sich von der Mittelstufe an in eine Vielzahl von praktischen Tätigkeiten, z.B. im Gartenbau, in der Holzwerkstatt, beim Spinnen, Töpfern, Schmieden, Korbflechten, Kupfertreiben, Buchbinden, Steinmetzen und anderem.[67]

Beherrschte Tätigkeit mit den Gliedmaßen verbindet die Seelenkräfte mit dem Leib. Gezielter Willenseinsatz, Empfindung für den Werkstoff, für das Werkzeug, für die eigenen Bewegungen und intentionales, auf ein Ziel gerichtetes Denken werden geschult. Menschenkundlich ist hier zu beobachten, dass diese Fähigkeiten über das spezielle Arbeiten hinaus auf andere Gebiete des Tuns wirken.

Ein wichtiger Aspekt aller praktischen Arbeit ist die aus der Sache kommende Korrektur. Der Lernende erfährt unmittelbar und anschaulich, was er richtig oder falsch gemacht hat. Zugleich wird damit die Bedeutung der Arbeitstechnik vermittelt.

Steiner wollte in der Waldorfschule für die Wirklichkeit der Gegenwart erziehen, d.h. die technische Welt ebenso wie die wissenschaftliche erschließen. Wenn im eigenen Tun die Grundelemente technischer Fertigung beherrscht und durchschaut werden, wird auch gegenüber kompliziertesten technischen Vorgängen, die unser Leben heute bestimmen, dem Gefühl entgegengearbeitet, das alles sei undurchschaubar und der Mensch sei dem ausgeliefert; die Schüler verfügen vielmehr über die Erfahrung, dass der Mensch die Technik bestimmt, nicht umgekehrt.

Alles praktische Tun hat auch einen ästhetischen Aspekt. Das Nützliche schön zu gestalten verbindet den Menschen persönlich mit seinem Werk, auch mit der Technik. Daher ist in allem Tun an der Waldorfschule die künstlerische Gestaltung wesentliches pädagogisches Prinzip.

Die Künste

Künstlerische Gestaltung durchzieht jeden Unterricht an der Waldorfschule. So wird in Bild, Sprache, Klang, Bewegung die Qualität des Ästhetischen zur Brücke zwischen dem Menschen und der Welt. Kunst als spezifische Ausdrucksform des Menschen wird darüber hinaus auch in einzelnen Fächern unterrichtet: Musik und Bewegungskunst (Eurythmie), Zeichnen, Malen, Plastizieren.

Durch die künstlerische Tätigkeit verbindet sich der Heranwachsende in seinem eigenen Gestaltungswillen, seiner Fantasie und seinem Empfinden mit dem, was er als «Stoff» ergreift. Die ganze Seele lebt in dem, was getan wird. Im künstlerischen Tun werden vor allem die Wahrnehmungsfähigkeiten für die qualitative Seite der Wirklichkeit geschult.

Musik

Musik spielt in den Waldorfschulen eine wichtige Rolle. Vom Kindergarten an wird das Liedgut gepflegt. In der 1. Klasse lernen alle Kinder Flöten, später oft ein weiteres Instrument. Dadurch können sich in den Klassen Orchester bilden, klassenübergreifend große Orchester.[68]

Musik ist die sinnvollste zweckfreie Äußerung des Menschen. An ihr lernt der junge Mensch das «Üben», das Zusammenspiel, Geistesgegenwart und Konzentration bei voller seelischer Beteiligung. An der Musik lässt sich am deutlichsten nachweisen, wie die Fähigkeiten, die hier erworben werden, für andere Bereiche fruchtbar werden.

Eurythmie

Die aus der Anthroposophie erwachsene Bewegungskunst wurde in den Lehrplan der Waldorfschule für alle Klassenstufen übernommen. Sie ist das einzige «Fach», das es nur an Waldorfschulen gibt.

Steiner nannte die Eurythmie «sichtbar gewordene Sprache und sichtbar gewordene Musik». Ihr Anliegen ist es, die geistige Bewegung, die sich in Lauten, Sätzen, Tönen offenbaren, durch den innerlich erlebten Gestus auszudrücken. Pädagogisch hilft sie, dass die Kinder und Jugendlichen ihren Bewegungsorganismus seelisch differenziert ergreifen lernen.

Feste, Feiern

In den einzelnen Klassen, mit der ganzen Schule, mit Eltern und auch für die Öffentlichkeit werden an den Waldorfschulen Feste gefeiert. Sie gliedern den Jahreslauf und gestalten Schule als ein Feld vielfältiger sozialer Kontakte.

Anfang und Ende des Schuljahres, die christlichen Jahresfeste, z.B. mit den Aufführungen der Oberuferer oder anderer Weihnachtsspiele, Sommer- oder Herbstfeste, Bazare, Flohmärkte u.ä. führen die ganze Schule zusammen, ebenso wie die «Monatsfeiern», in denen die Schüler sich gegenseitig Ergebnisse aus ihrer Arbeit vorführen.

Schule ist nicht nur Lernort, sondern in ihr leben und wirken viele Menschen zusammen. Soziales Leben zu gestalten, sich für andere einzusetzen, die anderen in ihrem Einsatz wahrzunehmen ist für die kleineren und größeren Gemeinschaften ein wichtiges Erfahrungs- und Übungsfeld.

Prüfungen

Alle Abschlussprüfungen können an Waldorfschulen abgelegt werden, wo diese bereit sind, die entsprechenden staatlichen Vorgaben zu erfüllen. Das ist in den einzelnen Ländern sehr unterschiedlich. Zum Lehrplan der Waldorfschulen gehören Prüfungen im Sinne von Berechtigungen für weitere Ausbildungen nicht.

Als Pädagoge kann man nur beurteilen und verantworten, was sich aus der gemeinsamen Arbeit mit Schülern ergibt. Es gilt, die jungen Menschen für spätere Aufgaben vorzubereiten. Daher plädieren die Waldorfschulen für ein Aufnahmeverfahren der weiterbildenden Institutionen. Der Maßstab von Notendurchschnitten normierter Anforderungen kann über die realen Fähigkeiten eines Jugendlichen nur wenig Aufschluss geben.[69]

Schularzt

Jede Waldorfschule sollte einen Schularzt haben, der die Klassenlehrer, andere Therapeuten, in den Konferenzen bei den Kinderbe-
sprechungen berät, eventuell auch Biologie in der Oberstufe unterrichtet.

Eine Pädagogik, die den ganzen Menschen im Auge hat, muss auch
auf die gesundheitlichen Verhältnisse der Kinder und Jugendlichen
Rücksicht nehmen. Dazu ist das fachliche Können und das Raten
eines Mediziners notwendig, der die Schüler beobachten, sie unter-
suchen und durch eine möglichst lange Zeit hindurch begleiten
kann.[70]

Heileurythmie

Die von Rudolf Steiner aus der Kunst-Eurythmie heraus entwickelte therapeutische Eurythmie ist an den meisten Waldorfschulen ein
fester Bestandteil der pädagogisch-therapeutischen Hilfe für den
Schüler.

Nach Indikation des Schularztes und nach Beratung des Therapeuten
mit dem Klassenlehrer und den Eltern kann die Heileurythmie Kindern und Jugendlichen bei konstitutionellen oder entwicklungsbe-
dingten Schwierigkeiten helfen. Hier kann gezeigt werden, dass viele
Probleme in der Entwicklungsphase prophylaktisch behandelt werden können und dadurch überwunden werden, bevor sie als Krank-
heit manifest werden.

Beispielsweise Haltungs-, Seh- und Konzentrationsschwächen,
aber auch Kreislauf- oder Stoffwechselschwächen können so erfolgreich aufgefangen werden.

Elternabend

In jeder Klasse werden regelmäßig Elternabende durchgeführt (fünf bis sechs im Schuljahr). Hier werden die Unterrichtsinhalte und konkrete Erziehungsaufgaben von Eltern und Lehrern besprochen.

Je jünger Heranwachsende sind, umso wichtiger ist es, dass die Erziehenden in innerer Übereinstimmung ihre Entwicklung begleiten. Deshalb ist das Gespräch zwischen Elternhaus und Schule Voraussetzung für ein gemeinsames Bewusstsein und Handeln. Pädagogische Grundlagen, Unterrichtsinhalte, Fragen des sozialen Lebens usw. werden hier besprochen. Pädagogische Seminare oder Wochenenden behandeln klassenübergreifende Themen.

Selbstverwaltung

Waldorfschulen werden im wirtschaftlichen und rechtlichen Bereich von Eltern- und Lehrerschaft als freie Unternehmen getragen. Die pädagogische Gestaltung der Schule liegt in den Händen der Lehrerschaft. Ihr zentrales Organ der Selbstverwaltung ist die Konferenz, in der alle Mitarbeiter gleichberechtigt zusammen arbeiten. Aufgaben werden delegiert. Rechtlicher und wirtschaftlicher Träger einer Waldorfschule ist meist ein Verein, in dem Eltern und Lehrer gemeinsam tätig sind.

Selbstverwaltung garantiert die pädagogische Unabhängigkeit der Waldorfschule. Sie fordert eigene Formen der kollegialen Zusammenarbeit, der Selbstkontrolle und der Entscheidungsprozesse, damit alle Beteiligten ein Bewusstsein vom Ganzen des «Unternehmens» Schule entwickeln können. Dabei gibt es an den einzelnen Schulen sehr verschiedene Verfassungs- und Geschäftsordnungsregelungen, weil jede Schule in der Gestaltung ihres inneren Rechtsraumes autonom ist.

Schulbau

Waldorfschulen sind meist an der Gestalt ihrer Bauten, stets an ihren farbigen Innenräumen zu erkennen. An ihnen zeigt sich, dass Pädagogik auch die Wirkung der äußeren Umgebung einbeziehen kann.

Alle «Hüllen», in denen der Mensch lebt, sein Leib, seine Kleidung, seine Wohnung, Bauten und Räume, die Landschaft, wirken über ihre reine Funktionalität hinaus auf den Menschen, ganz besonders auf den jungen Menschen. Die weitgehend unbewussten Wahrnehmungen der Raumqualitäten prägen das Lebensgefühl, das seelische Empfinden, die innere Aktivität in starkem Maße. Architekten wissen: «Erst baut der Mensch Häuser, dann bauen die Häuser Menschen.» Ästhetisch gestaltete Außen- und Innenräume sind die Grundlage dafür, dass Menschen sich in ihrer Umgebung wohl und heimisch fühlen können. Farbe und Form der Schulräume können die inneren Bedürfnisse der Altersstufe, die Bedingungen der Arbeitsformen und der sozialen Abläufe berücksichtigen und damit die pädagogische Arbeit wesentlich befruchten.

Praktika

Mehrwöchige Praktika außerhalb der Schule gehören zum festen Programm der Waldorfschule: Landwirtschafts- und Forstpraktikum, Feldmessen (praktische Trigonometrie), Sozial- und Industriepraktikum, daneben Werksbesichtigungen und individuelle Projektarbeiten.

Waldorfschüler sollen mit den Bedingungen der technischen Welt der Gegenwart vertraut gemacht werden, nicht nur im Technologieunterricht, sondern auch durch praktische Erfahrung an exemplarischen Tätigkeiten außerhalb der Schule. Dabei geht es vor allem darum, die Prozesse, die unser technisch-industrielles Leben mehr und mehr bestimmen, in ihren Grundprinzipien durchschaubar zu machen, sodass die jungen Menschen erleben, wie der Mensch die Technik bestimmt, nicht umgekehrt.

Im Landwirtschafts- oder Forstpraktikum (ebenso wie im Fach «Gartenbau», das vom fünften bis zum achten Schuljahr unterrichtet wird) stehen die Arbeit an der Erde, die Pflege der Kulturpflanzen, Einsicht in die ökologischen Probleme und die Verantwortlichkeit, die im Arbeiten erfahren wird, im Vordergrund – auch ein praktischer Weg, um Umweltbewusstsein zu entwickeln.

Informatik

Auch die Computertechnik gehört, als unser Leben mitbestimmender Faktor, zu den Lehrinhalten. Die Funktionsweise elektronischer Datensysteme wird im Physikunterricht der 10. Klasse behandelt. In der 11. Klasse folgt ein Computerpraktikum.

Der Umgang mit Computern setzt eigene Urteilsfähigkeit voraus, wenn das «Medium» durchschaut und beherrscht werden soll. Deshalb wird der Computer (wie auch andere Medien) in der Unter- und Mittelstufe nicht eingesetzt (s. dazu auch oben, S. 63).[71]

Anmerkungen

1 Literatur dazu in der «Reihe Pädagogik Beltz»: F. Bohnsack, E.-M. Kranich: *Erziehungswissenschaft und Waldorfpädagogik*, Weinheim / Basel 1990; Kultusminister Prof. Dr. Wilhelm Hahn: Die älteste Gesamtschule, und Oberbürgermeister Arnulf Klett: Deutschlands erfolgreichster Beitrag zur Pädagogik in der Welt, beide Beiträge in: *Bildung des Menschen zum Menschen. Festschrift zum 50-jährigen Jubiläum der ersten Waldorfschule in Stuttgart 1969*, Stuttgart 1969.

2 Vgl. die Denkschrift der Bildungskommission NRW: *Zukunft der Bildung – Schule der Zukunft*, 1995.

3 Zum Beispiel J. Ditfurth: *Feuer in die Herzen*, Hamburg 1992; M. und G. Grandt: *Schwarzbuch Anthroposophie*, Wien 1997.

4 Nach Erhebungen des Bundes der Freien Waldorfschulen in Deutschland ca. 5 Prozent, in anderen Ländern sicher noch weniger.

5 Nicht umsonst wird z.B. in dem Waldorf-PR-Brief Nr. 8, August 1999, gefordert, Eltern und Schüler mit den Grundlagen und Zielen ihrer Schule stärker vertraut zu machen.

6 Stellvertretend seien hier genannt: F. Carlgren: *Erziehung zur Freiheit. Die Pädagogik Rudolf Steiners*, Stuttgart [8]1996; J. Kiersch: *Die Waldorfpädagogik. Eine Einführung in die Pädagogik Rudolf Steiners*, Stuttgart [8]1996; S. Leber: *Waldorfschule heute. Einführung in die Lebensformen einer Pädagogik*, Stuttgart [2]1996; C. Lindenberg: *Waldorfschulen: Angstfrei lernen – selbstbewusst handeln. Praxis eines verkannten Schulmodells*, Reinbek 1995. Dort finden sich auch weitere Literaturhinweise zu einzelnen Aspekten der Waldorfpädagogik.

7 Emil Molt: *Entwurf meiner Lebensbeschreibung*, Stuttgart 1972, S. 127.

8 R. Steiner: *Entwicklungsgeschichtliche Unterlagen zur Bildung eines sozialen Urteils*, GA 185a, Dornach 1963.

9 Ebd., S. 203. Neben dem Bildungsprogramm sorgte Molt auch für das leibliche und seelische Wohl seiner Leute. Er kaufte zunächst in der

Nähe von Schorndorf, dann in Rietenau zwei Anwesen als Erholungs-
heime für seine Arbeiter und Angestellte. Nebenbei wurde durch eine
Landwirtschaft, die zum Schorndorfer Heim gehörte, in jener Notzeit
die Milchversorgung für die Stuttgarter Arbeiter gesichert.

10 Zu den biografischen Aspekten siehe C. Lindenberg: *Rudolf Steiner –
Eine Biografie,* Stuttgart 1997, mit ausführlicher Bibliografie.

11 R. Steiner: *Anthroposophische Leitsätze,* GA 26, Dornach 1976, S. 14.

12 R. Steiner: *Anthroposophische Gemeinschaftsbildung,* GA 257, Dornach [4]1989, *Vortrag vom 13.2.1923.*

13 R. Steiner: *Die Philosophie der Freiheit. Seelische Beobachtungsresultate nach naturwissenschaftlicher Methode* (1894), GA 4, Dornach [16]1995.

14 Grundaspekte der Anthroposophie entwickelt Steiner beispielsweise in
*Theosophie. Einführung in übersinnliche Welterkenntnis und Men-
schenbestimmung,* GA 9, Dornach [31]1987.

15 Vgl. dazu das erste Grundwerk Steiners zu diesem Aspekt: *Wie erlangt
man Erkenntnisse der höheren Welten?* (1904/05), GA 10, Dornach
[24]1993.

16 Steiners Sprachgebrauch befremdet zuweilen. Er gebraucht Begriffe
aus der indischen Tradition ebenso wie aus der abendländischen Philosophie. Man muss dabei berücksichtigen, dass es ihm nicht um eine
definitorische Terminologie ging, sondern seine Wortwahl vor allem
auf die Denkbewegung seiner Zuhörer oder Leser abzielt. In den mehr
als sechstausend Vorträgen, die er zwischen 1900 und 1924 gehalten
hat, hat er versucht, oft durch neue Benennung desselben Inhaltes, die
Sprache zum Instrument eines lebendigen Denkprozesses zu machen,
durch den spirituelle Inhalte sich immer neu und originär aussprechen
können.

17 R. Steiner: *Allgemeine Menschenkunde als Grundlage der Pädagogik,*
GA 293, Dornach [9]1992.

18 R. Steiner: *Die Erziehung des Kindes vom Gesichtspunkte der Geisteswissenschaft,* Einzelausgabe Dornach 1981.

19 Vgl. dazu im letzten Kapitel die Stichworte zum Schularzt etc.

20 Vgl. dazu einzelne Aspekte zur pädagogischen Praxis in Kapitel 12.

21 Vgl. dazu R. Steiner: *Wiederverkörperung. Zur Idee von Reinkarnation
und Karma,* Stuttgart [3]1993; R. Steiner: *Wiederverkörperung und*

88 Anmerkungen

Karma und ihre Bedeutung für die Kultur der Gegenwart, GA 135, Dornach ⁴1989.

22 Eine Beschreibung der Wirkung von Drogen und Genussmitteln findet sich z.b. in R. Dunselman: *An Stelle des Ich. Rauschdrogen und ihre Wirkung,* Stuttgart 1996.

23 Vgl. dazu H. J. Scheurle: *Die Gesamtsinnesorganisation,* Stuttgart ²1984.

24 Dazu gibt es interessante neuere Forschungen, siehe z.b. A. Zajonc: *Die gemeinsame Geschichte von Licht und Bewusstsein,* Reinbek 1994, 1. Kapitel. Auch in den viel beachteten Darstellungen von Oliver Sacks findet man dazu eindrückliche Beispiele. Gesamtdarstellungen zu Steiners Sinneslehre: A. Soesman: *Die zwölf Sinne – Tore der Seele,* Stuttgart ⁴2000; H. E. Lauer: *Die zwölf Sinne des Menschen,* Basel 1953; E. Lehrs: *Vom Geist der Sinne,* Frankfurt 1973.

25 Eine gründliche Darstellung dazu: S. Leber: *Weltanschauung, Ideologie und Schulwesen. Ist die Waldorfschule eine Weltanschauungsschule?,* Stuttgart 1989.

26 GA 18, Dornach ⁹1985 (schon 1900 erschienen unter den Titel: *Welt- und Lebensanschauungen im 19. Jahrhundert*).

27 R. Steiner: *Der menschliche und der kosmische Gedanke,* GA 151, Dornach ⁶1990.

28 Steiners Grundwerke zur Schulung der Erkenntnisfähigkeit: *Theosophie,* a.a.O. (Anm. 14), und *Wie erlangt man Erkenntnisse der höheren Welten?,* a.a.O. (Anm. 15).

29 So hat Steiner auch die Mitgliedschaft in der Allgemeinen Anthroposophischen Gesellschaft nur an die Bedingung geknüpft, dass in ihren Bestrebungen etwas Berechtigtes anerkannt wird. Mitglied können also Angehörige aller Religionen, Konfessionen oder Weltanschauungen werden, die in der anthroposophischen Schulungs- und Forschungsmethode Antworten auf ihre Erkenntnisfragen suchen.

30 A.a.O. (Anm. 17), S. 206.

31 Zur genauen Klärung der komplizierten Materie siehe S. Leber: a.a.O. (Anm. 25).

32 A.a.O. (Anm. 17), S. 13.

33 Ausführlich dazu: *Christentum, Anthroposophie, Waldorfschule. Waldorfpädagogik im Umfeld konfessioneller Kritik,* mit Beiträgen von H.-W. Schroeder u.a., Stuttgart 1987.

34 So neben anderen F. Capra, George Steiner, C. F. von Weizsäcker.

35 A.a.O. (Anm. 13).

36 Zu Inhalt und «wissenschaftlicher» Methode dieser Publikationen siehe E.-M. Kranich, L. Ravagli: *Waldorfpädagogik in der Diskussion. Eine Analyse erziehungswissenschaftlicher Kritik,* Stuttgart 1990.

37 Dazu F. Bohnsack, E.-M. Kranich (Hrsg.): *Erziehungswissenschaft und Waldorfpädagogik,* Weinheim / Basel 1990; P. Buck, E.-M. Kranich (Hrsg.): *Auf der Suche nach dem erlebbaren Zusammenhang,* Weinheim / Basel 1995; F. Bohnsack, S. Leber (Hrsg.): *Sozial-Erziehung im Sozial-Verfall,* Weinheim / Basel 1996.

38 R. Steiner: *Die Erziehungsfrage als soziale Frage. Die spirituellen, kulturgeschichtlichen und sozialen Hintergründe der Waldorfschul-Pädagogik,* GA 296, Dornach [4]1991.

39 Vgl. die Rede des ehemaligen Bundespräsidenten Roman Herzog vom 5. November 1997, veröffentlicht in M. Rutz (Hrsg.): *Aufbruch in der Bildungspolitik,* München 1997.

40 Zu den Vorwürfen gegen die Anthroposophie, sie sei «rassistisch», gibt es eine Vielfalt von neuen Veröffentlichungen, z.B. P. Archiati: *Die Überwindung des Rassismus durch die Geisteswissenschaft Rudolf Steiners,* Dornach 1997; Sonderheft der Mitteilungen aus der anthroposophischen Arbeit in Deutschland, 1995.

41 Zur Dreigliederung des sozialen Organismus, die hier nur angedeutet werden kann, siehe u.a. R. Steiner: *Neugestaltung des sozialen Organismus* (1919), GA 330, Dornach [2]1983; L. Vogel: *Die Verwirklichung des Menschen im sozialen Organismus,* 1973.

42 Zur Sozialstruktur der Waldorfschule siehe S. Leber: *Die Sozialgestalt der Waldorfschule,* Stuttgart 1991.

43 Damit Waldorfschule möglich wird, sind politische Voraussetzungen nötig. Die Verhältnisse in totalitären Systemen oder bei sonstigem Staatsdirigismus können ihre Arbeit stark beeinträchtigen oder unmöglich machen. Deshalb sind sie in faschistischen oder kommunistischen Ländern verboten worden.

44 Zur Entwicklung in den verschiedenen Ländern: *Waldorfschule weltweit. Festschrift zum 75. Jubiläum der Waldorfschule Stuttgart,* hrsg. von H.-J. Mattke, Stuttgart 1994; S. Leber (Hrsg.): *Anthroposophie und Waldorfpädagogik in den Kulturen der Welt,* Stuttgart 1997.

45 *Waldorfpädagogik an öffentlichen Schulen – Versuche und Erfahrun-*

gen mit der Pädagogik Rudolf Steiners, hrsg. von der Freien Pädagogischen Vereinigung Bern, Freiburg i.Br. 1976.

46 R. Steiner: *Aufsätze über die Dreigliederung des sozialen Organismus und zur Zeitlage 1915 – 1921*, GA 24, Dornach ²1982, S. 37.

47 Zu den historischen Vorgängen nach dem Ersten Weltkrieg vgl. A. Schmelzer: *Die Dreigliederungsbewegung 1919*, Stuttgart 1991.

48 *Forschungsbericht über Bildungslebensläufe ehemaliger Waldorfschüler. Eine Untersuchung der Geburtsjahrgänge 1946 und 1947*, Stuttgart 1981.

49 Eine kurze Zusammenfassung der Ergebnisse auch in D. Esterl: *Welche Abschlüsse gibt es an Waldorfschulen?*, Stuttgart 1997, S. 71ff.

50 Vgl. dazu M. Schopf-Beige: *Bestanden – Lebenswege ehemaliger Waldorfschüler*, Stuttgart 1998; B. Sandkühler: *Lernen Kinder mit dem Kopf?*, Stuttgart 1999.

51 R. Steiner: *Menschenerkenntnis und Unterrichtsgestaltung*, GA 302, Dornach ⁵1986.

52 E.-M. Kranich u.a.: *Die Bedeutung des Rhythmus in der Erziehung*, Stuttgart 1992.

53 Vgl. dazu: *Rudolf Steiner in der Waldorfschule Ansprachen für die Kinder, Eltern und Lehrer 1919 – 1924*, GA 298, Dornach ²1980.

54 Vgl. S. Leber: *Die Sozialgestalt der Waldorfschule*, a.a.O. (Anm. 42); M. Leist: *Eltern und Lehrer. Ihr Zusammenwirken in den sozialen Prozessen der Waldorfschule*, Stuttgart ²1988; M. Harslem: *Wie arbeiten Eltern und Lehrer zusammen?*, Stuttgart 1999.

55 C. Lindenberg: *Waldorfschulen: Angstfrei lernen, selbstbewusst handeln*, Reinbek 1995.

56 Vgl. D. Esterl: a.a.O. (Anm. 49).

57 Dazu K. König: *Die ersten drei Jahre des Kindes*, Stuttgart ¹⁰1997.

57 Siehe dazu Doris Kleinau-Metzler (Hg.): *Die Zukunft der Waldorfschule. Perspektiven zwischen Tradition und neuen Wegen*, Reinbek 2000.

58 Zum Waldorfkindergarten vgl. etwa F. Jaffke: *Spielen und arbeiten im Waldorfkindergarten*, Stuttgart ²1995, sowie weitere Darstellungen aus den Reihen «Arbeitsmaterial aus den Waldorfkindergärten» und «Werkbücher für Kinder, Eltern und Erzieher», Stuttgart.

59 H. Müller-Wiedemann: *Mitte der Kindheit*, Stuttgart ⁵1999; E. Fucke: *Grundlinien einer Pädagogik des Jugendalters*, Stuttgart 1991.

60 Vgl. dazu H. Eller: *Der Klassenlehrer an der Waldorfschule*, Stuttgart 1998.

61 R. Steiner: *Anthroposophische Pädagogik und ihre Voraussetzungen*, GA 309, Dornach [5]1981, Vortrag vom 17.4.1924.

62 Siehe dazu D. Esterl: a.a.O. (Anm. 49).

63 1995 wurde ein Versuch gemacht, eine allgemeine Grundrichtlinie zusammenzustellen. Dies wurde notwendig, weil vor allem die Schulverwaltungen in den ehemaligen Ostblockländern, aber auch anderswo eine Darstellung verlangten, um Waldorfschulen genehmigen zu können. T. Richter: *Pädagogischer Auftrag und Unterrichtsziele einer Freien Waldorfschule*, als Manuskriptdruck der Pädagogischen Forschungsstelle beim Bund der Freien Waldorfschulen erschienen 1995; C. von Heydebrand: *Vom Lehrplan der Waldorfschule*, Stuttgart [10]1996; E. A. K. Stockmeyer: *Angaben Rudolf Steiners für den Waldorfunterricht*, Stuttgart 1988.

64 R. Steiner: a.a.O. (Anm. 46).

65 E. Dahl: *Wie lernt man fremde Sprachen?*, Stuttgart 1999; J. Kiersch: *Fremdsprachen in der Waldorfschule*, Stuttgart 1992.

66 Eine Übersicht findet sich in M. Martin (Hrsg): *Der künstlerisch-handwerkliche Unterricht in der Waldorfschule*, Stuttgart 1981.

67 Vgl. dazu S. Ronner: *Warum Musikunterricht?*, Stuttgart 2000.

68 Siehe D. Esterl: a.a.O. (Anm. 49).

69 Dazu M. Glöckler (Hrsg): *Das Schulkind. Gemeinsame Aufgaben von Arzt und Lehrer*, Dornach 1992.

70 Zur Problematik aus Sicht der Waldorfpädagogik vgl. S. M. Gergely: *Wie der Computer den Menschen und das Lernen verändert*, München 1986.

Erhard Dahl

Wie lernt man fremde Sprachen?

Eine Einführung in den Fremd-
sprachenunterricht an Waldorfschulen
Elternfragen an die Schule
91 Seiten, kartoniert.

**Fremde Sprachen beherrschen –
fremde Kulturen verstehen**

Anschaulich schildert Erhard Dahl Ziele und Methoden des Fremd-
sprachenunterrichts an der Waldorfschule für die verschiedenen
Altersstufen. Er zeigt, wie die Schüler sich einen Wortschatz erarbeiten, Grammatik lernen und durch die Lektüre in die Vielfalt der
fremden Sprache eingeführt werden. Überzeugend beantwortet
Dahl auch die immer wiederkehrenden Fragen, wie und ab wann
die Schüler Vokabeln lernen und ob im Unterricht nicht ein Lehrbuch verwendet werden müsste.

Deutlich wird der zugrunde liegende Ansatz der Waldorfpädago-
gik: Sprache als umfassendes Bildungsmittel anzusehen, das den
Einzelnen in allen Bereichen seines Denkens, Empfindens und
Handelns prägt. Insofern bietet jede fremde Sprache auch die
Chance, andere Denk- und Erlebnisweisen kennen zu lernen und
dadurch Selbst- und Welterkenntnis zu erweitern.

Verlag Freies Geistesleben

Dietrich Esterl

Welche Abschlüsse gibt es an Waldorfschulen?

Elternfragen an die Schule
90 Seiten, kartoniert.

Abschlussprüfungen – Informationen und Hintergründe

Dietrich Esterl greift die zentralen Fragen auf, die sich im Zusammenhang mit den Abschlüssen an Waldorfschulen stellen: Welche Bedeutung haben die Schulabschlüsse? Wie entscheidet sich, welche Prüfung ein Waldorfschüler ablegt? Wie gestaltet sich der Übergang zwischen der Waldorfschulzeit und dem späteren Leben in der Praxis?

Der Leser findet hier die wesentlichen Informationen über die verschiedenen Prüfungsmodalitäten, über pädagogische, gesellschaftspolitische und rechtliche Aspekte der Abschlüsse und über alternative Prüfungsformen, die dem Konzept der Waldorfpädagogik eher entsprechen.

Verlag Freies Geistesleben

Bruno Sandkühler

Lernen Kinder mit dem Kopf?

Die Bedeutung von Bewegung
und praktischem Tun in der
Waldorfpädagogik
Elternfragen an die Schule
89 Seiten, kartoniert.

Über das Tun zum Verstehen

«Probieren geht über Studieren», sagt man gemeinhin, ohne sich
die tiefere Bedeutung des Sprichworts klarzumachen: dass der Weg
des menschlichen Lernens grundsätzlich über das Tun und Erleben
zum Verstehen führt. Kinder gehen von sich aus immer den Weg
des Probierens und lernen dadurch leichter. Manuelle Fähigkeiten
verwandeln sich im Laufe der kindlichen Entwicklung in entsprechende Begabungen auf intellektuellem Gebiet. Das macht Bruno
Sandkühler an vielen Beispielen und Forschungsergebnissen deutlich. Er zeigt auf, wie gedankliche, praktische und künstlerische
Komponenten einander ergänzen. Die Schule kommt daher dem
Lernprozess entgegen, wenn sie die kopfmäßige Beschäftigung
durch praktisches Tun vorbereitet bzw. unterstützt und den Zeit-
punkt für entsprechende Umwandlungsprozesse beachtet. Für die
Schule und ihr Bildungsverständnis ergeben sich daraus weit-
reichende Konsequenzen.

Verlag Freies Geistesleben

Michael Harslem

Wie arbeiten Eltern
und Lehrer zusammen?

Elternfragen an die Schule
124 Seiten, kartoniert.

**Kooperationsformen an der
Waldorfschule**

Michael Harslem zeichnet ein lebensnahes Bild – mit zahlreichen
Beispielen und einer Fülle von Informationen – über das Verhältnis
von Eltern und Lehrern an Waldorfschulen und die verschiedenen
Formen der Zusammenarbeit.

Für Eltern von Waldorfschülern ergeben sich viele Chancen und
Möglichkeiten eigenen Engagements im Schulzusammenhang. Die
Erwartungen an eine Zusammenarbeit sind aber auch oft so hoch,
dass daraus Probleme und Spannungen entstehen können. Es werden daher u.a. auch typische Konfliktsituationen und Kommunika-
tionsprobleme dargestellt und Lösungsansätze aufgezeigt. So ergeben sich für Eltern wie Lehrer neue Perspektiven einer fruchtbaren
Zusammenarbeit an ihrer eigenen Waldorfschule und eventuell
auch Anregungen für andere Schulen.

Verlag Freies Geistesleben

Stephan Ronner

Warum Musikunterricht?

Eine Einführung in den Musikunterricht
an Waldorfschulen
Elternfragen an die Schule
112 Seiten, kartoniert.

**Die allgemeinbildende Funktion
der Musik**

In Stephan Ronners Darstellung zum Musikunterricht an der Waldorfschule wird deutlich, dass Musik kein schmückendes Beiwerk zu den «eigentlichen, wichtigen» Lernfächern ist, sondern eine ganz wesentliche persönlichkeitsbildende Funktion innehat. Sie weckt nicht nur den Lernwillen und die Lebensfreude, durch künstlerisches Tätigsein und durch primäre musikalische Erfahrungen können auch entscheidende Qualitäten wie Flexibilität, Kreativität, Integrations-, Begeisterungs- oder Kommunikationsfähigkeit erworben werden. Zahlreiche Beispiele zeigen, wie eine solche umfassende Musikerziehung in den einzelnen Altersstufen aussehen kann.

Verlag Freies Geistesleben